선생님이 만든

좔좔 글읽기

·········

1권 지수의 생활

선생님이 만든 좔좔 글읽기 2단계

1권 지수의 생활

초판 1쇄 2014년 9월 20일
초판 3쇄 2022년 9월 15일

지은이 서울경인특수학급교사연구회

펴낸이 방영배
디자인 신정난
펴낸곳 다음생각

주소 경기도 파주시 회동길 495-1
전화 031-955-9102 **팩스** 031-955-9103 **이메일** nt21@hanmail.net
출판등록 2009년 10월 6일 제406-251002009000124호
인쇄·제본 현문인쇄 **종이** 월드페이퍼
ISBN_(전 3권) 978-89-98035-34-1 (64700)

책이 나오기까지

〈서울경인특수학급교사연구회〉는 통합교육과 특수교육의 여건이 제대로 마련되지 않았던 90년대 초에 서울, 경기, 인천의 초등학교 특수학급 교사들이 모인 이래 지금까지 계속되고 있는 연구 모임입니다. 그동안 함께 모여 공부하고 올바른 교육의 방향에 대해 고민하면서 새로운 통합 프로그램 등을 만들어 보급해 왔습니다. 어떻게 하면 좋은 수업을 할 수 있을지 연구하여 여러 가지 수업 자료를 개발하기도 했습니다. 『선생님이 만든 좔좔 글읽기』도 이런 고민과 연구 과정을 거쳐 나온 책입니다.

읽기를 배우는 데 오랜 시간이 걸리는 아이들의 경우 좋은 교재와 다양한 방법으로 가르쳐야 함에도 마땅한 자료와 프로그램이 없어 고민이 많았습니다. 그래서 연구회 교사들은 2010년부터 국어 교육에 관한 연수를 들으며 국어 교육과정을 분석하고 국어의 각 영역별 목표 체계를 정리했습니다. 회원들이 각자의 국어 수업 사례를 발표하며 좋은 국어 수업 방법에 대해 고민한 끝에 2012년에 읽기 이해력 향상을 위한 자료를 만들었습니다. 총 25명의 현장 교사들이 직접 글을 쓰고, 읽기 이해 문제와 관련 활동지를 만들었습니다. 이 읽기 교재를 수업에 활용해 보니 아이들이 흥미 있게 수업에 참여하고 독해력이 향상되는 것을 알 수 있었습니다. 그동안 아이들에게 맞는 자료를 일일이 수정해 만드느라 애썼던 선생님들도 이 자료를 활용해 훨씬 수월하게 활동적인 수업을 할 수 있었다고 합니다.

이 책을 출판하기까지 많은 시간과 노력이 필요했습니다. 그 과정에서 여러 사람들에게 도움을 받았습니다. 덕원예고에서 미술을 전공하는 학생들이 약 1,200컷의 그림을 정성껏 그려 주어 책의 내용이 더욱 풍부해졌습니다. 그리고 도서출판 〈다음생각〉에서 의미 있는 결정을 내려 준 덕분에 이 책이 만들어질 수 있었습니다. 자원봉사로 수고해 준 덕원예고 학생들과 편집 작업에 애써 준 〈다음생각〉 출판사 분들께 깊은 감사를 드립니다.

여러 아이들의 다양한 특성에 맞는 단 하나의 교재란 있을 수 없습니다.
다만 『선생님이 만든 좔좔 글읽기』가 특수학급, 특수학교, 또 다른 교육 현장에서 국어 수업을 좀 더 풍요롭게 할 수 있는 자료가 되면 좋겠습니다. 아이들이 이 책으로 재미있게 공부할 수 있기를 바랍니다.

서울경인특수학급교사연구회

책의 특징

우리나라 아이들은 일찍부터 한글을 배우기 시작하여 초등학교에 들어가기 전에 이미 글을 줄줄 읽는 경우가 많습니다. 이를 반영하듯 초등학교 국어 교과서는 처음에 낱자 학습 및 단어 읽기를 다루다가 난이도가 급격히 높아집니다. 1학년 1학기 말쯤 되면 실제로 10문장 이상의 긴 글을 읽을 수 있어야 수업을 따라갈 수 있습니다. 한글을 깨치지 못한 상태로 입학하는 아이들의 경우 국어 수업에서 어려움을 겪을 수밖에 없습니다. 따라서 이제 막 문장 읽기를 시작하여 글을 유창하게 읽고 이해하는 데까지 많은 시간이 걸리는 학생들의 특성을 고려한 적합한 교재가 필요합니다.

이 교재는 학생의 연령에 맞는 좋은 문장으로 학습자의 속도에 맞게 읽기 이해력을 높일 수 있도록 개발하였습니다. 읽기를 배우는 데 오래 걸리는 아이들도 좋은 글을 읽고, 글에서 정보를 얻고, 글을 읽는 즐거움을 가질 수 있게 하고자 합니다.

1. 짧은 글을 읽고 내용을 이해할 수 있도록 다양한 활동으로 구성했습니다. 문장 읽기 수준에 있는 학생들은 누구나 이 책으로 독해 공부를 할 수 있습니다. 특수학급이나 특수학교에 재학하는 초·중·고 학생, 읽기에 어려움을 가지고 있는 학습 부진 학생, 한글을 배우기 시작하는 다문화 학생이나 재외교포를 대상으로 하는 한글교실에서도 사용할 수 있습니다.

2. 각 단계는 읽기 이해의 수준별로 분류해 제작하였습니다. 1단계의 목표는 1~2문장을 읽고 이해하는 것이며 마지막 4단계의 목표는 글의 구조를 이해하는 것입니다. 단계에 따라 글의 길이, 문장과 어휘의 난이도, 질문의 난이도가 높아집니다.

3. 다양한 종류의 글을 접하도록 제시하였습니다. 생활글, 실용적 정보를 주는 글, 문학 작품(시, 이야기), 노랫말, 일기, 설명글 등 다양한 글을 통해 읽기 이해력을 높이도록 하였습니다. 초등국어교육과정의 목표와 내용체계를 고려하였고 초등교육과정에서 다루는 주제를 선정하여 교사들이 직접 글을 썼습니다. 그림책이나 시와 같은 문학 작품을 선정한 경우에는 전문을 제시하여 학생들이 문학 작품 전체를 느끼도록 하였습니다. 실생활에서 정보를 주는 글을 바로 읽고 활용할 수 있도록 실용글 읽기를 제시했습니다.

4. 읽기 이해 능력을 중심으로 접근하지만 듣기, 말하기, 쓰기를 함께 배울 수 있도록 다양한 활동을 제시하였습니다. 읽기 이해 능력은 읽기 기술만을 따로 가르치는 것에 의해 향상되지 않으며 다른 영역과 총체적으로 접근하는 것이 바람직하기 때문입니다. '글마중, 신나는 글 읽기, 이야기 돋보기, 낱말 창고, 우리말 약속, 뽐내기'라는 꼭지를 두어 활동적인 수업이 되도록 제시하였습니다.

5. 읽기를 천천히 배우는 아이들의 특성을 고려하여 충분히 공부할 수 있도록 단계를 세분화하였습니다. 학생들의 연령과 특성에 맞게 선택하여 제시할 수 있도록 같은 수준의 자료를 다양하게 준비하였습니다.

책의 구성

'글마중'에는 배워야 할 전체 본문을 제시했습니다. 읽기가 서툴러 짧은 글을 읽는 아동이라 하더라도 국어 교육 목표에 따라 문학 작품 등을 부분만 제시하는 것은 바람직하지 않습니다. 아직 술술 읽는 것이 어렵지만 읽기를 재미있게 받아들일 수 있도록 완성도 있는 짧은 글을 그림과 함께 제시하였습니다.

'신나는 글 읽기'에서는 본문의 내용을 쉽게 파악할 수 있도록 글에 관련된 여러 활동을 제시하였습니다. 다양한 방법으로 읽기, 그림으로 전체 내용 파악하기, 내용과 관련된 듣기·말하기 활동 등으로 구성되어 있습니다. 이 꼭지를 통해 아이들은 읽기 활동을 재미있게 느낄 것입니다.

'이야기 돋보기'는 문장의 구조를 활용하여 내용을 파악하기 위한 반복적인 연습문제로 구성되어 있습니다. 본문의 문장을 나누어 제시하고 글의 내용에 관한 질문에 답하도록 문제를 제공하였습니다. 단계에 따라 문장의 길이, 문제의 난이도, 단서 수준, 답을 쓰는 방법을 달리하였습니다.

'낱말 창고'에서는 본문에 있는 낱말 중 어려운 낱말을 선정하여 낱말 뜻 익히기나 쓰기 활동, 맞춤법, 어휘 관련 활동을 제시하였습니다. 본문의 낱말과 관련된 여러 어휘를 제시하여 어휘력 향상을 꾀하였습니다.

'뽐내기'는 본문과 관련된 다양한 쓰기와 표현 활동으로 구성하였습니다. 반복적인 쓰기 연습만으로는 아이들 스스로 쓰기 표현을 즐길 수 없습니다. 글마중의 내용과 관련된 쪽지도 쓰고, 그림도 그리고, 만들기도 하면서 쓰기를 즐겁게 느낄 것입니다. 1단계에서 문장 완성하기부터 시작하여 마지막 단계에서는 글의 주제와 종류에 따라 글을 쓰는 방법까지 다루게 됩니다.

'우리말 약속'에서는 아이들이 익혀야 하는 말본지식(문법)을 이해하기 쉽게 제시하고 반복 연습을 통해 익히도록 합니다. 자모음 체계 익히기, 품사와 토씨(조사) 등의 문장구조 익히기, 어순대로 쓰기, 이음말(접속사) 익히기 등 말본지식을 활용할 수 있도록 다양한 활동을 제시합니다.

책의 꼭지 활용 방법

● 〈글마중〉에 나온 글을 다양한 방법으로 읽게 해 주세요. 적당한 속도로 정확하게 읽을 수 있어야 글의 내용을 이해할 수 있습니다. 문장을 읽기 시작한 아이들의 경우 소리 내어 읽는 것은 매우 중요합니다. 자기가 읽은 것을 들으며 읽은 내용을 이해하기 때문입니다. 눈으로 읽은 것을 바로 이해하는 묵독을 할 수 있는 단계가 되기 전까지는 다양한 방법으로 소리 내어 읽는 활동을 많이 해 보는 것이 좋습니다. 읽기의 유창성과 정확도를 높이면 읽기 이해력도 향상됩니다.

읽어 주는 것 듣기, 교사가 한 문장이나 한 구절씩 읽으면 따라 읽기, 중요한 단어나 구절만 따로 읽기, 입 맞추어 함께 읽기, 구절 나누어 읽기, 번갈아 읽기, 돌아가며 읽기, 혼자 읽기 등의 방법을 활용하면 좋습니다. 아이가 읽은 것을 녹음해 다시 듣게 하거나 친구와 서로 읽어 주는 방법도 동기 유발에 좋습니다.

● 〈신나는 글 읽기〉와 〈뽐내기〉는 표현 활동이므로 학습지만 활용할 것이 아니라 실제 활동을 통해 익히도록 해 주세요. 노래를 함께 부르고, 동작을 만들어 보세요. 주제와 관련하여 말하기, 동작, 음률, 미술, 몸짓, 놀이 등 다양한 표현 활동과 연계하여 활동적인 수업을 해 보세요. 이렇게 통합적으로 접근하면 아이들의 자유로운 표현 능력이 향상되고 흥미 있게 참여할 것입니다. 다양한 활동을 통해 자연스럽게 말하기, 쓰기 표현 능력이 향상될 수 있도록 연계하여 지도할 수 있습니다.

● 〈이야기 돋보기〉는 이해 목표에 따른 반복 활동으로 연습을 할 수 있게 되어 있습니다. 문장 단서와 그림 단서를 활용하는 방법을 알려 주세요.

지도 교사 도우미

● 〈꼭지별 내용 체계〉는 주제에 관한 꼭지 구성이 어떻게 되어 있는지 한눈에 볼 수 있도록 표로 정리되어 있습니다. 수업 계획을 세울 때 활용하거나 평가할 때 체크리스트로 사용해도 좋을 것입니다.

● 〈좀 더 활용해 보세요〉는 주제와 관련하여 추가로 지도할 수 있는 수업 아이디어를 제공하였습니다.

너도나도 이야기해요.	듣기, 말하기와 관련된 활동을 소개하였습니다.
같이 읽어요.	주제와 관련하여 아이와 함께 읽어 보면 좋을 책을 소개하였습니다.
마음대로 나타내요.	주제와 관련된 다양한 쓰기 표현 활동을 제시했습니다.
함께 놀아요.	주제에 맞는 과학, 미술, 음악, 놀이, 연극 놀이, 자연 놀이, 요리 활동 등 다양한 통합 활동이 포함되어 있습니다.

● 선생님께 한마디 는 교사가 참고할 만한 지도 방법을 학습지 하단에 제시한 것입니다.

2단계의 목표와 내용 구성

★ 2단계는 '지수의 생활', '노래랑 일기랑', '이야기와 놀자' 3권의 책으로 엮었습니다.

★ 2단계 1권은 아이들의 생활을 중심으로 주변에서 볼 수 있는 다양한 글(생활문, 편지, 광고, 안내문 등)을 제시했습니다. 2권은 노랫말과 일기를 읽고 쓰는 활동으로 구성했습니다. 3권은 반복적 구조의 짧은 이야기(그림책)를 제시하여 긴 글 읽기를 재미있게 시작하도록 했습니다.

★ 2단계의 목표는 다음과 같습니다. 단, 제시 방법에 따라 목표를 조정할 수 있습니다.
  - 읽기: 4~7문장의 짧은 글을 읽고 내용을 파악할 수 있다.
          2~3문장을 읽고 '누가, 언제, 어디, 무엇, 어떻게'에 관한 질문에 답할 수 있다.
  - 듣기 말하기: 이야기를 듣고 주제에 맞게 2~3문장으로 말할 수 있다.
  - 쓰기: 주제에 대한 문장을 채워 쓰거나 1~2문장을 스스로 쓸 수 있다.
  - 문학: 짧은 생활문, 노랫말, 실용문, 이야기 읽기에 흥미를 가질 수 있다.
  - 문법: 임자말(주어), 풀이말(서술어), 부림말(목적어)을 바르게 넣어 사용할 수 있다.

	1권 〈지수의 생활〉	2권 〈노래랑 일기랑〉	3권 〈이야기와 놀자〉
전체 구성	학교 생활 우리 동네 우리집 친구야 놀자	노래랑 놀자 일기랑 놀자	삐악! 우리 엄마세요? 괜찮아 / 배고픈 애벌레 커다란 순무 / 장갑 바람과 해님 개미와 베짱이
글마중	글마중에 실려 있는 본문은 4~7문장의 짧은 글로 제시하였습니다. 한 문장의 짜임은 3~6어절로 구성되어 있습니다. 본문의 내용을 이해하기 쉽게 그림을 함께 넣었습니다. 1권의 '지수의 생활'은 아이들의 생활을 중심으로 생활문, 편지나 일기, 광고나 안내문을 다양하게 구성했고 2권은 노랫말과 일기글을, 3권은 반복적 구조의 짧은 이야기(그림책)를 통해 읽기를 배우도록 했습니다.		
신나는 글 읽기	본문의 전체 내용을 그림으로 간략히 파악하거나 글의 내용에 흥미를 갖도록 관련 활동을 제시하였습니다. 본문을 반복해서 읽도록 다양한 읽기 방법을 제시하였습니다.		
이야기 돋보기	글마중의 본문을 2~3문장씩 나누어 제시하고 '누가, 언제, 어디, 무엇, 어떻게' 에 관한 질문에 답하도록 문제를 제시했습니다. 의문사를 다른 색으로 표시하여 한눈에 알아볼 수 있도록 하였습니다. 4개의 보기 중 하나를 고르게 하거나 단답형의 문제를 제시했습니다.		
낱말 창고	본문에 나오는 기본 어휘나 기본 어휘와 관련된 새로운 어휘를 확장해 익히도록 제시했습니다.		
우리말 약속	임자말(주어), 풀이말(서술어), 부림말(목적어)을 내용에 맞게 바르게 넣을 수 있도록 말본 지식(문법)을 가르칩니다.		
뽐내기	주제에 대한 문장을 채워 쓰거나 단문을 쓰도록 활동을 제시했습니다. 쓰기 전 활동을 제시하여 1~2문장으로 내용에 맞게 구성해 쓰도록 하였습니다.		

꼭지별 내용 체계

1권 지수의 생활

주제	글마중	신나는 글 읽기	이야기 돋보기	낱말 창고	뽐내기	우리말 약속
학교 생활	지수의 이야기	우리 반 소개하기	2~3문장 읽고 답하기			* 임자말 - 임자말에 대해 알아보기 - 임자말 찾기 - '누가 / 무엇이'에 해당되는 말 찾기
	지수의 새 짝꿍		2~3문장 읽고 답하기	같은 글자로 시작하는 낱말 쓰기	담임선생님 소개글 쓰기	
	학급회의		2~3문장 읽고 답하기 회의안건 내용 알기	급훈, 교훈, 가훈		
	알림장 쓰기	그림 보고 알림장 내용 찾아 쓰기	2~3문장 읽고 답하기			
	오늘 점심 반찬은?	급식 식단표 적기	2~3문장 읽고 답하기 식단표에 맞게 배식판 채우기		식단표 짜보기	
	준비물	글마중 전체 내용 그림으로 찾기	2~3문장 읽고 답하기 표 보고 쓴 돈과 남은 돈 알기			
	학교 가는 길	글마중 전체 내용 그림으로 찾기	2~3문장 읽고 답하기	편의점, 미용실, 정육점, 약국, 세탁소, 서점	학교 오는 길에 본 것 쓰기	
	하굣길에 만난 친구	글마중 전체 내용 그림으로 찾기	2~3문장 읽고 답하기 아픈 친구에게 위로의 말하기		다쳤거나 아팠던 경험 쓰기	
우리 동네	우리 동네를 소개합니다	우리 동네에 있는 것 이름 쓰기	1~2문장 읽고 답하기 글 내용 파악하기	건물과 간판 연결하기 동네에 있는 것 이름 알기	'우리 동네에 가면' 노래를 부르며 쓰기 우리 동네 소개 쓰기	- 임자말에 맞는 토씨 '이, 가', '은, 는' 찾기 - 틀린 토씨 바르게 고치기 - 임자말에 알맞은 토씨 쓰기
	놀이터 안전 안내문		2~3문장 읽고 답하기	놀이기구 이름과 주의사항 알기		
	빵그리다 빵집	파이 설명과 그림 연결하기	파이 광고문 읽고 답하기	여러 빵 이름과 특징 알기	생일케이크 꾸미고, 축하카드 쓰기	
	영화를 보러 가요	영화 포스터 보고 제목 찾기	영화포스터를 보고 중요한 내용 알기	'개봉' 낱말 익히기 전자시계 보기		
	우리 강아지를 찾아주세요	강아지를 찾는 글에서 중요한 내용 찾아 쓰기	강아지를 찾는 글에서 내용 알고 답하기	'잃어버리다'와 '잊어버리다'	잃어버린 것 찾는 글 써보기	

주제	글마중	신나는 글 읽기	이야기 돋보기	낱말 창고	뽐내기	우리말 약속
우리집	내가 하는 일	글마중 전체 내용 그림으로 찾기	2~3문장 읽고 답하기	못	집에서 하는 일 쓰기	- 그림을 보고 임자말과 풀이말 연결하기 - 임자말을 넣어 문장 완성하기
	엄마의 외출	글마중 전체 내용 그림으로 찾기	2~3문장 읽고 답하기	병원, 우체국, 은행, 소방서, 도서관, 경찰서	엄마에게 쪽지 쓰기	
	지수의 편지	글마중 전체 내용 그림으로 찾기	2~3문장 읽고 답하기	친척 집 방문, 박물관 관람, 영화 감상, 물놀이, 봉사활동, 공부, 숙제, 자연 관찰	방학 동안 있었던 일 쓰기	
	진우가 다친 날	글마중 전체 내용 그림으로 찾기	2~3문장 읽고 답하기	이비인후과, 안과, 소아청소년과, 정형외과, 치과		
	추석	글과 그림 연결 하기 글의 순서 알기	2~3문장 읽고 답하기	차례, 성묘	친척과 추석에 한 일 쓰기	
친구야 놀자	진우와 민호	친구들의 모습을 보고 어떤 마음이 드는지 적기	2~3문장 읽고 답하기		친구와 재미있던 일에 대해 쓰기	- 그림을 보고 임자말과 풀이말 쓰기 - 임자말＋풀이말 순서에 맞게 문장 쓰기 - 그림을 보고 1문장으로 쓰기
	할리갈리		2~3문장 읽고 답하기		내가 좋아하는 보드게임에 대해 쓰기	
	현장체험학습 안내장	가정통신문의 안내사항 찾기	3~4문장 읽고 답하기			
	학교 축제 초대장		2~3문장 읽고 답하기	날짜를 세는 말 (하루, 이틀, 사흘, 나흘, 열흘)	그림에 맞는 초대장 잇고 초대장 쓰기	
	눈 오는 날	눈 오는 날에 어울리는 놀이 찾기	3문장 읽고 답하기, 눈이 오면 무엇을 하는지 쓰기			
	와, 겨울이다!	겨울 놀이 찾기	3~4문장 읽고 답하기, 관계있는 것끼리 연결 하기	겨울철 놀이 (스케이트 타기, 팽이치기, 연날리기, 제기차기, 스키 타기, 눈사람 만들기, 눈싸움, 썰매타기, 딱지치기), 겨울철 놀이에 대한 문장 만들기	겨울에 관한 마인드맵 만들기	

좀 더 활용해 보세요

1권 🗨 지수의 생활

 지수의 생활을 따라가다 보면 학교, 마을, 집, 친구들의 이야기가 펼쳐집니다. 매일 걷는 동네에도 볼거리, 읽을거리가 참 많습니다. 주의 깊게 읽지 않았던 놀이터 안내문을 들여다보고, 우리 동네의 유명한 빵집 앞에서 빵 종류와 빵이 나오는 시간도 살펴봅니다. 골목을 돌아 재미있는 영화 포스터를 보며 한참을 서 있기도 합니다.

 그렇게 동네를 걸어 학교에 도착하니 새 학년 새 학기의 설렘이 느껴지고, 교실과 급식실에서 친구들의 조잘거리는 소리가 들리는 것 같습니다. 알림장을 쓰고 준비물을 챙기는 일상에 읽기, 듣기, 말하기, 쓰기 활동이 모두 포함되어 있습니다.

 1권은 생활 주변에서 볼 수 있고 자주 쓰는 생활문을 중심으로 묶어보았습니다. 동네, 이웃의 이야기가 아파트촌을 중심으로 사는 아이들에게는 낯설게 느껴질 수 있습니다. 그러나 우리 주변에서 흔히 볼 수 있는 가게 간판, 안내문, 메뉴판, 버스정류장, 광고문 등을 읽다 보면 주변에 숨겨진 다양한 보물을 찾는 기분일 것입니다. 아이들의 호기심이 뭉게뭉게 피어오르게 할 읽을거리가 어디 어디 숨겨져 있나 찾아볼까요?

활동 영역	관련 활동
너도나도 이야기해요	🧑 날따라 길따라 〈같이 읽어요〉에서 소개한 '학교 가는 길을 개척할거야'의 민구는 날마다 학교가던 길 대신에 새로운 길을 찾아 나선다. 아이들마다 학교 오는 길은 다양할 것이다. 각자 학교 오는 길을 그림으로 그리거나 사진을 찍어 소개하며, 함께 새로운 길을 걸어보는 건 어떨까? 안전교육은 필수! 🧑 글 없는 그림책 '글자 없는 그림책 시리즈'(김종완, 이은홍 글/신혜원 그림/사계절) 3권과 '야호, 비 온다!'(피터 스피어 글,그림 / 비룡소)는 그림으로 내용을 전달한다. 그림을 보며 이야기 꾸미기, 대화 주고받기를 통해 소리가 있는 그림책을 함께 만들어본다. 🧑 영상편지 쓰기 '말은 청산유수인데 글쓰기는 왜 이리 갈 길이 먼지……' 편지 쓰기를 어려워하고 자신감이 없는 아이들과 함께 온몸으로 쓰는 영상편지를 만들어보자. 시골에 계신 할아버지, 할머니, 미안한 마음을 표현하고 싶은 친구, 사랑하는 부모님 등 아이들이 영상편지를 쓰고 싶은 사람과 그 이유 등을 이야기한 후에 영상을 찍는다.

활동 영역	관련 활동

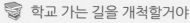

 📚 **학교 가는 길을 개척할거야**

박효미 글 / 김진화 그림 / 사계절

세 가지 짧은 이야기로 구성된 그림책이다. 이 책을 보면 학교 갈 때 늘 다니는 지겨운 길이 아닌 새로운 길로 가보고 싶은 마음이 생길 것이다. 친구와 놀이를 하면서 벌어지는 이야기를 읽으면 어느새 아이들도 이야기 속에 풍덩 빠져들게 될 것이다.

 📚 **우리 동네 한 바퀴**

정지윤 글·그림 / 웅진주니어

도시의 아이들에게는 동네라는 말이 생소할 수도 있다. 종이비행기와 함께 우리 동네를 돌며 그냥 지나쳤던 다양한 이야기를 만나볼 수 있다. 지금 우리가 살고 있는 동네와 어떻게 다를까?

 📚 **학교 가는 길**

이보나 흐미엘레프스카 글·그림 / 이지원 옮김 / 논장

학교 가는 길을 발자국으로 재미있게 표현한 책이다. 아이들의 발자국으로 자신만의 학교 가는 길을 표현해보면 어떨까?

같이 읽어요

 📚 **우리 누나, 우리 구름이**

정호선 글·그림 / 창비

'내 동생 구름이'는 애완견이 아니라 우리 가족이다. 반려동물이 있는 가정이 늘어나는 요즘, 동물들의 마음을 상상하며 교감하는 아이들이 되길 바란다.

 📚 **어린이 안전 365세트**

박은경 글 / 김중석 그림 / 책 읽는 곰

나들이 갈 때, 집에 있을 때, 학교에 갈 때 지켜야 할 약속, 소중한 내 몸을 위해 지켜야 할 약속을 그림으로 설명하여 재미있게 배울 수 있다.

 📚 **우체부 아저씨와 비밀 편지**

앨런 앨버그 글 / 자넷 앨버그 그림 / 미래아이

우체부 아저씨가 동화책 주인공에게 쓴 다양한 형식의 편지를 볼 수 있는 책이다.

활동 영역	관련 활동
마음대로 나타내요	😷 광고해드립니다! 광고문 만들기 우리 동네의 가게나 기관의 사진을 보면서 아이들이 알고 있는 정보나 이야기를 정리해본다. 무슨 일을 하는 곳인지, 어떤 것을 팔거나 만드는 곳인지, 직접 가봤거나 물건을 사본 경험이 있는지 이야기하면서 그 가게나 기관을 소개하는 광고문을 작성해보도록 한다. 😷 안전이 최고야! 안전 안내문 만들기 학교 특별실이나 급식실 등 여러 곳에 시설 안내문이 많이 있다. 학교나 동네, 집에 안전을 위한 안내문이 필요한 곳을 이야기해보고 함께 만들어본다. 예를 들어 과학실 이용시 안내문, 급식실 안내문을 살펴본 후 계단 이용시 안내문, 놀이터 안내문 등을 다양하게 이야기하고 만들어본다. 😷 나만의 설명서 만들기 평소에 사용하는 물건, 게임, 놀이기구의 기본적인 사용방법이 아닌 나만의 사용방법 및 규칙을 만들어보자. 물론 위험하거나 실현 불가능한 방법은 곤란하다. 설명서가 완성되면 새로운 방법과 규칙에 따라 직접 해보자.
함께 놀아요	😷 전래놀이: 같은 모양 찾기 같은 모양 찾기는 시중에 나와 있는 보드게임으로도 할 수 있지만, 아이들이 만든 카드로 하면 더 좋다. 두 장의 카드에 같은 그림을 그린 후 여러 아이들의 카드를 모두 합쳐 같은 모양의 카드 찾기를 해본다, 아이들이 직접 만든 놀잇감이라 흠뻑 빠져들게 된다. 😷 우리 동네 꾸미기 우리 동네를 아이들과 함께 꾸며보자. 재활용품, 교구 등을 활용하여 길과 건물, 사람들을 다양하게 꾸며본다. 학교를 나와 길을 따라가다 보면 도착하는 아이들의 집도 꾸며본다. 우리 동네 꾸미기를 하고 나서 매일 다니는 등굣길 표시하기, 새로운 길 찾기 등 다양한 활동도 함께해볼 수 있다. 😷 전통시장 체험학습 마트에서 모든 물건을 사는 요즘, 여러 종류의 가게와 볼거리가 많은 전통시장으로 체험학습을 가보자. 동네 전통시장에 대해 알아보고, 간단한 심부름 거리를 과제로 주어 직접 사보도록 한다. 시장에 가면 마트에서 볼 수 없는 물건과 새로운 물건도 찾아볼 수 있다. 제철 과일과 야채(채소)를 찾아보고, 모종을 사보는 등 계절에 맞는 활동을 해볼 수 있다. (전통시장 소식통 www.sosiktong.com 전국 180여 개 전통시장의 정보 제공)

마음대로
그려 보세요

지수의 생활

1장
학교 생활

2장
우리 동네

지수의 이야기

나는 하늘초등학교에 다니는 송지수입니다.

오늘은 새 학년이 되는 날입니다.

'우리 담임선생님은 누구실까?'

'누가 내 짝꿍이 될까?'

생각만 해도 가슴이 콩닥콩닥 뜁니다.

설레는 마음으로 서둘러 학교에 갑니다.

벌써 운동장에 아이들이 많이 와 있습니다.

월   일   요일   확인

지금 나는 몇 학년 몇 반인지, 우리 담임선생님과 친구들은 누가 있는지 소개하고 써 보세요.

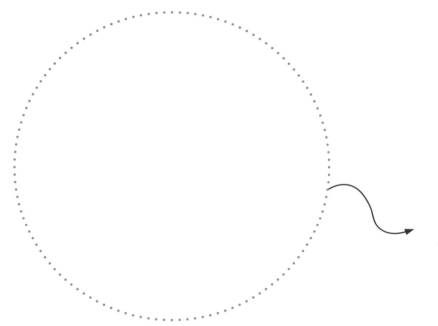

새 학년이 되어
설레는 마음으로
학교에 가는 나를
그려 보세요.

나는 [   ] 초등학교 [   ] 학년 [   ] 반 입니다.

우리 담임선생님은 [   ] 선생님입니다.

우리 반에서 친한 친구들은 [   ] , [   ]

입니다.

다음 글을 읽고 알맞은 답을 고르거나 쓰세요.

나는 하늘초등학교에 다니는 송지수입니다.
오늘은 새 학년이 되는 날입니다.

1. 누구의 이야기인가요?

2. 지수는 어느 학교에 다니나요?

   　　　　　　　 초등학교

3. 오늘은 어떤 날인가요? ─────────────────── (   )

   ① 내 생일   ② 새 학년이 되는 날
   ③ 방학식 날   ④ 일요일

'우리 담임선생님은 누구실까?'
'누가 내 짝꿍이 될까?'

4. 새 학년이 되는 날 궁금한 것은 무엇인가요? (   ),(   )

   ① 담임선생님   ② 교실 위치   ③ 새 교과서   ④ 짝꿍

월   일   요일   확인

 다음 글을 읽고 알맞은 답을 고르거나 쓰세요.

'우리 담임선생님은 누구실까?', '누가 내 짝꿍이 될까?'
생각만 해도 가슴이 콩닥콩닥 뜁니다.

1. 가슴이 콩닥콩닥 뛴다는 것은 어떤 마음일까요? (   )

   ① 설렌다   ② 놀랐다   ③ 무섭다   ④ 재밌다

2. 가슴이 콩닥콩닥 뛰는 이유는 무엇인가요? (   ),(   )
   ① 담임선생님이 누구일지 궁금해서
   ② 달리기를 해서
   ③ 짝꿍이 누가 될지 궁금해서
   ④ 창피해서

설레는 마음으로 서둘러 학교에 갑니다.
아이들이 벌써 운동장에 많이 와 있습니다.

3. 설레는 마음으로 학교에 어떻게 갔나요? ⋯⋯⋯ (   )

   ① 천천히 갔다.   ② 서둘러 갔다.
   ③ 친구랑 갔다.   ④ 안 갔다.

4. 아이들은 어디에 모여 있나요?

   [   ] 에 많이 와 있습니다.

지수의 새 짝꿍

2학년 3반이 되었어요.

담임선생님이 교실로 들어오셨어요.

커다란 목소리를 가진 남자 선생님이에요.

담임선생님은 짝을 정해주셨어요.

"송지수 짝은 정민호."

짝이 된 민호는 장난꾸러기예요.

내 이름을 듣더니 벌써 나에게

'송아지, 송사리, 송편'이라고 별명을 붙였어요.

짝과 사이좋게 지낼 수 있을까요?

월   일   요일   확인

 다음 글을 읽고 알맞은 답을 고르거나 쓰세요.

> 2학년 3반이 되었어요.
> 담임선생님이 교실로 들어오셨어요.
> 커다란 목소리를 가진 남자 선생님이에요.

1. 지수는 몇 학년 몇 반이 되었나요?

   [   ] 학년   [   ] 반

2. 담임선생님은 어떤 분인가요? ⋯⋯⋯⋯ (   ),(   )

   ① 남자 선생님   ② 여자 선생님
   ③ 목소리가 큰 선생님   ④ 예쁜 선생님

> 담임선생님께서 짝을 정해주셨어요.
> "송지수 짝은 정민호."
> 짝이 된 민호는 장난꾸러기예요.

3. 지수의 짝은 누구인가요?   [   ]

4. 민호는 어떤 아이인가요? ⋯⋯⋯⋯⋯⋯⋯⋯⋯ (   )

   ① 잠꾸러기   ② 장난꾸러기   ③ 먹보   ④ 옆집 아이

다음 글을 읽고 알맞은 답을 고르거나 쓰세요.

> 내 이름을 듣더니 벌써 나에게 '송아지, 송사리, 송편'이라고
> 별명을 붙였어요.
> 짝과 사이좋게 지낼 수 있을까요?

1. 민호는 지수에게 무엇이라고 별명을 붙였나요?

,		

2. 민호가 별명을 불러서 나는 기분이 어땠을까요? (   )

   ① 짜증 났다   ② 재밌었다   ③ 좋았다   ④ 웃겼다

3. 지수는 무엇이 걱정되나요? ·· (   )

   ① 짝과 사이좋게 지낼 수 있을까?
   ② 짝이 바뀌면 어떡하지?
   ③ 내일 아침 일찍 일어나야 하는데…….
   ④ 책을 안 가져왔네.

4. 여러분의 짝꿍 이름과 별명을 써 보세요.

   내 짝의 이름은 [   ] 이에요.

   내 짝의 별명은 [   ] 이에요.

 '고'로 시작되는 낱말을 찾아 채워 보세요.

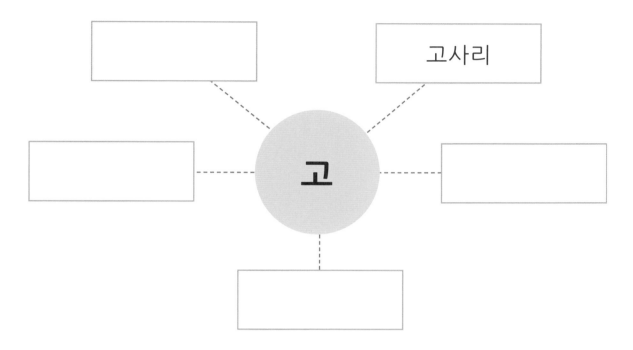

고사리

고

 끝말잇기를 해 보세요.

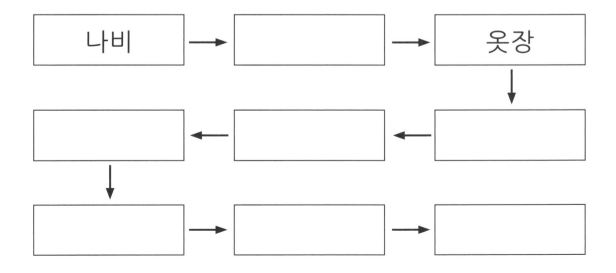

나비 →   → 옷장

선생님의 얼굴을 그리고, 선생님을 소개하는 글을 써 보세요.

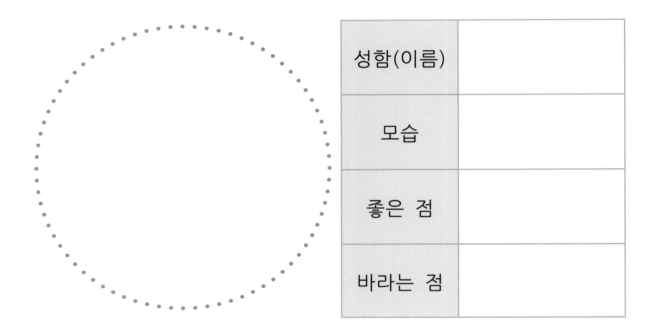

성함(이름)	
모습	
좋은 점	
바라는 점	

우리 선생님 성함은   입니다.

학급회의

우리 반 급훈을 정하는 회의를 했어요.
급훈은 우리 반 친구들이 모두 지켜야 하는
약속이래요.
세 가지 의견이 나왔어요. 각자 한 번씩 의견에
손을 들어 급훈을 정하기로 했어요.

< 급훈 정하기 >

1. 서로 돕는 좋은 친구가 되자.

2. 모두가 즐거운 교실을 만들자.

3. 씩씩하고 건강한 어린이가 되자.

다음 글을 읽고 알맞은 답을 고르거나 쓰세요.

우리 반 급훈을 정하는 회의를 했어요.
급훈은 우리 반 친구들이 모두 지켜야 하는 약속이래요.

1. 무엇을 정하는 회의를 했나요? ─────────── (   )

　　① 반장　　　② 청소당번　　　③ 급훈　　　④ 짝꿍

2. 급훈이란 무엇인가요? ─────────── (   )

　　① 우리 반 약속　　　② 학교 약속　　　③ 우리 가족 약속

세 가지 의견이 나왔어요.
각자 한 번씩 의견에 손을 들어 급훈을 정하기로 했어요.

3. 몇 가지의 의견이 나왔나요?　　　[   ] 가지

4. 각자 몇 번 손을 들어야 하나요?　　　[   ] 번

월   일   요일   확인

 급훈에 어울리는 그림을 연결하세요.

〈 급훈 정하기 〉

1. 서로 돕는 좋은 친구가 되자.

2. 모두가 즐거운 교실을 만들자.

3. 씩씩하고 건강한 어린이가 되자.

서로 돕는 좋은 친구가 되자.	●
모두가 즐거운 교실을 만들자.	●
씩씩하고 건강한 어린이가 되자.	●

낱말 공부를 해 봅시다.

급훈 → 학급의 교육 목표, 학급의 약속

교훈 → 학교의 교육 목표

가훈 → 한집안의 어른이 자손에게 일러주는 가르침

 빈칸에 알맞은 낱말을 넣어 보세요.

1. 3학년 3반의 [   ]은 '사이좋게 지내자' 입니다.

2. 우리 집의 [   ]은 '가족을 사랑하며 살자' 입니다.

3. 우리 학교의 [   ]은 '서로 배려하는 어린이가 되자' 입니다.

〈보기〉   급훈   교훈   가훈

알림장 쓰기

글마중

선생님께서 급식을 먹기 전에 알림장을
쓰라고 하셨어요.
'빨리 쓰고 급식 먹어야지.'

날짜: 3월 9일 수요일

1. 체육복, 운동화, 줄넘기 준비
2. 국어 8~10쪽 2번 읽어오기
3. 수학 13쪽 풀어오기
4. 가정통신문 2장 부모님 보여드리기

알림장을 확인하고 해야 할 일을 <보기>에서 찾아 쓰세요.

날짜: 3월 9일 수요일

1. 체육복, 운동화, 줄넘기 준비

2. 국어 8~10쪽 2번 읽어오기

3. 수학 13쪽 풀어오기

4. 가정통신문 2장 부모님 보여드리기

<보기>	줄넘기 챙기기	국어숙제
	수학숙제	가정통신문 보여드리기

월   일   요일   확인

 다음 글을 읽고 알맞은 답을 고르거나 쓰세요.

> 선생님께서 급식을 먹기 전에 알림장을 쓰라고 하셨어요.
> '빨리 쓰고 급식 먹어야지.'

1. 선생님이 언제까지 알림장을 쓰라고 하셨나요? (   )

   ① 집에 가기 전에   ② 급식 먹기 전에
   ③ 종 치기 전에   ④ 선생님이 오시기 전에

> 날짜: 3월 9일 수요일
> 1. 체육복, 운동화, 줄넘기 준비

2. 내일은 어떤 옷차림을 해야 하나요? ··············· (   )

   ① 원피스와 구두   ② 체육복과 운동화   ③ 청바지와 슬리퍼

3. 내일 준비물은 무엇인가요? □

> 2. 국어 8~10쪽 2번 읽어오기
> 3. 수학 13쪽 풀어오기
> 4. 가정통신문 2장 부모님 보여드리기

4. 국어책에서 읽어야 하는 쪽수를 모두 ○ 하세요.

   (1   2   3   4   5   6   7   8   9   10)

오늘 점심 반찬은?

오늘은 금요일입니다.
급식 안내문을 보니 오늘 식단표에
내가 좋아하는 불고기가 있어요.
벌써 점심시간이 기다려집니다.

〈 급식 식단표 〉

수요일	목요일	금요일
보리밥	잡곡밥	콩밥
떡국	카레라이스	배춧국
닭다리튀김	시금치나물	불고기
오징어볶음	김구이	멸치볶음
배추김치	열무김치	깍두기
오렌지	사과	과일샐러드

월   일   요일   확인

 글마중을 읽고 오늘의 급식 식단표를 적어 보세요.

오늘은 ☐ 요일

오늘의 급식 식단표는

콩밥

다음 글을 읽고 알맞은 답을 고르거나 쓰세요.

> 오늘은 금요일입니다.
> 급식 안내문을 보니 오늘 식단표에 내가 좋아하는 불고기가
> 있어요. 벌써 점심시간이 기다려집니다.

1. 오늘은 무슨 요일입니까?

2. 오늘 식단표에 내가 좋아하는 어떤 반찬이 있나요?(   )

   ① 불고기   ② 닭다리튀김   ③ 김구이   ④ 카레

3. 오늘 반찬을 확인하려고 무엇을 보았나요? ……… (   )

   ① 알림장   ② 급식 안내문   ③ 간판   ④ 텔레비전

4. 나는 왜 점심시간을 기다리나요? ……………… (   )

   ① 밖에서 축구 하려고   ② 불고기가 먹고 싶어서
   ③ 집에 가려고   ④ 공부하기 싫어서

5. 여러분이 제일 좋아하는 급식 반찬은 무엇입니까?

   [   ] , [   ] , [   ]

월   일   요일   확인

급식 식단표에서 좋아하는 메뉴가 있는 요일에 ○ 하고,
급식판에 반찬 이름을 써 보세요.

〈 급식 식단표 〉

수요일	목요일	금요일
보리밥	잡곡밥	콩밥
떡국	카레라이스	배춧국
닭다리튀김	시금치나물	불고기
오징어볶음	김구이	멸치볶음
배추김치	열무김치	깍두기
오렌지	사과	과일샐러드

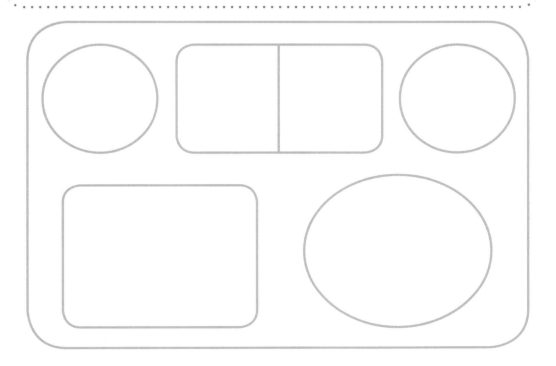

 내가 좋아하는 반찬을 그리고 급식 식단표를 써 보세요.

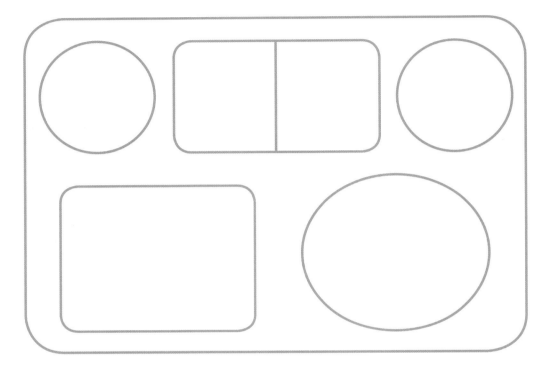

( )요일 급식 식단표

준비물

지수는 학교 가는 길에 문구점에 들렀어요.

오늘 준비물이 색종이거든요.

색종이를 사고 200원이 남았어요.

남은 돈으로 예쁜 스티커를 샀어요.

카드를 꾸밀 때 붙이려고 해요.

받은 돈	500원	
쓴 돈	색종이	300원
	스티커	200원
남은 돈	0원	

신나는 글읽기

월   일   요일   [확인]

글마중을 읽고 알맞은 그림에 ○ 하세요.

1. 지수는 학교 가는 길에 어디에 들렀나요?

놀이터	수영장	문구점

2. 지수는 준비물로 무엇을 샀나요?

연필	색종이	편지지

3. 지수는 남은 돈으로 무엇을 샀나요?

필통	머리띠	스티커

선생님께 한마디   이야기 돋보기에서 자세한 내용을 파악하기 전에 글의 전체 내용을 알게 하기 위한 활동입니다.

다음 글을 읽고 알맞은 답을 고르거나 쓰세요.

> 지수는 학교 가는 길에 문구점에 갔어요.
> 오늘 준비물이 색종이거든요.

1. 어디에 가는 길인가요?

2. 지수는 어디에 들렀나요? ·························· (   )

   ① 빵집   ② 마트   ③ 문구점   ④ 학교

3. 무엇을 사려고 문구점에 갔나요? ·············· (   )

   ① 색연필   ② 색종이   ③ 지우개   ④ 풀

> 색종이를 사고 200원이 남았어요.
> 남은 돈으로 예쁜 스티커를 샀어요.
> 카드를 꾸밀 때 붙이려고 해요.

4. 색종이를 사고 얼마가 남았나요? ·············· (   )

   ① 100원   ② 200원   ③ 300원   ④ 400원

5. 남은 돈으로 무엇을 샀나요? ···················· (   )

   ① 지우개   ② 연   ③ 스티커   ④ 색종이

지수는 오늘 쓴 돈을 아래와 같이 수첩에 적어 놓았어요.

받은 돈	500원	
쓴 돈	색종이	300원
	스티커	200원
남은 돈	0원	

1. 엄마에게 얼마를 받았나요?

2. 지수는 문구점에서 무엇을 샀나요?

　　　　　　　　　, 　　　　　　　　　

3. 색종이 가격만큼 동전을 묶어 보세요.

4. 지수에게 남은 돈은 얼마인가요?

학교 가는 길

지수는 학교에 가는 길입니다.

환경미화원 아저씨가 길을 쓸고 있습니다.

채소가게 아주머니는 벌써 가게를 열었습니다.

길에서는 아저씨들이 공사를 하고 있습니다.

모두가 바쁜 아침입니다.

글마중을 읽고 알맞은 그림에 ○ 하세요.

1. 지수는 어디에 가는 길인가요?

놀이터

학교

문구점

2. 지수가 학교 가는 길에 본 것은 무엇인가요?

세차하는 가족

환경미화원

공사장 아저씨

3. 지수가 본 사람들은 무엇을 했나요?

아저씨   •   • 채소가게 문을 연다.

아주머니   •   • 공사를 하고 있다.

환경미화원 •   • 길을 쓸고 있다.

월   일   요일   확인

 다음 글을 읽고 알맞은 답을 고르거나 쓰세요.

> 지수는 학교에 가는 길입니다.
> 환경미화원 아저씨가 길을 쓸고 있습니다.

1. 지수는 어디에 가는 길인가요?

2. 누가 길을 쓸고 있나요?

3. 환경미화원 아저씨가 무엇을 하나요? ⸺⸺⸺ (   )

   ① 쓰레기통을 가져와요.   ② 길을 쓸어요.
   ③ 청소차를 타고 가요.   ④ 채소 가게를 열어요.

> 채소가게 아주머니는 벌써 가게를 열었습니다.
> 길에서는 아저씨들이 공사를 하고 있습니다.
> 모두가 바쁜 아침입니다.

4. 아주머니는 무슨 가게를 열었나요? ⸺⸺⸺ (   )

   ① 문구점   ② 채소가게   ③ 신발가게   ④ 은행

5. 아저씨들이 길에서 무엇을 하고 있었나요? ⸺⸺ (   )

   ① 교통정리를 한다.   ② 공사를 한다.   ③ 공연을 한다.

6. 지금은 어느 때입니까? ⸺⸺⸺⸺⸺ (   )

   ① 아침   ② 점심   ③ 저녁   ④ 밤

낱말 창고

월   일   요일   확인

학교 가는 길에 볼 수 있는 동네의 여러 곳입니다. 알맞게 연결해 보세요.

편의점

미용실

서점

약국

세탁소

머리를 자르거나 파마를 하는 곳이에요.

약을 살 수 있는 곳이에요.

밤늦게도 여러 물건을 살 수 있어요.

옷이나 운동화를 세탁해 주는 곳이에요.

책을 사는 곳이에요.

 오늘 아침 학교에 오는 길에 무엇을 보았나요? 동그라미 안에 낱말을 쓰고 아래에 문장으로 써 보세요.

학교
가는 길

하굣길에 만난 친구

집에 가는 길에 세호를 만났어요.

세호는 작년에 같은 반이었던 친구예요.

세호는 다리에 붕대를 감고 있었어요.

"너 왜 그래?"

"어제 놀이터에서 다쳤어."

"많이 아팠겠다. 내가 가방 들어줄게."

나는 세호의 가방을 들어주었습니다.

월   일   요일   확인

 글마중을 읽고 알맞은 그림에 ○ 하세요.

1. 나는 어디에 가는 길인가요?

놀이터

학교

집

2. 나는 누구를 만났나요?

다리 다친 세호

심부름 하는 준수

중국집 배달원

3. 나는 친구를 어떻게 도와주었나요?

소꿉놀이를 했다.

친구를 놀렸다.

가방을 들어주었다.

다음 글을 읽고 알맞은 답을 고르세요.

집에 가는 길에 세호를 만났어요.
세호는 작년에 같은 반이었던 친구예요.

1. 나는 어디에 가는 길인가요? .... (   )

　　① 시장　　　② 학교　　　③ 놀이터　　　④ 집

2. 나는 누구를 만났나요? .... (   )

　　① 엄마　　　② 세호　　　③ 동생　　　④ 준수

3. 세호는 어떤 친구인가요? .... (   )

　　① 옆 집 친구　　② 작년 같은 반 친구　　③ 학원 친구

세호는 다리에 붕대를 감고 있었어요.
"너 왜 그래?"
"어제 놀이터에서 다쳤어."

4. 세호는 어디를 다쳤나요? .... (   )

　　① 머리　　　② 손　　　③ 다리　　　④ 코

5. 세호는 어디에서 다쳤나요? .... (   )

　　① 학교　　　② 집　　　③ 놀이터　　　④ 학원

월   일   요일   확인

 다음 글을 읽고 알맞은 답을 고르거나 쓰세요.

"많이 아팠겠다. 내가 가방 들어줄게."
나는 세호의 가방을 들어주었습니다.

1. 나는 세호를 어떻게 도와주었나요? .... (   )

　　① 가방을 들어주었다.　　② 업어 주었다.
　　③ 그냥 갔다.　　　　　　④ 병원에 데려다 주었다.

2. 친구가 아플 때는 무슨 말을 해야 할까요?

친구야,

세호처럼 전에 아팠거나 다쳤던 경험이 있었나요?
질문에 답하고 문장으로 쓰세요.

어디서 다쳤나요?	
왜 다쳤나요?	
다친 곳은 어디인가요?	

 임자말에 대해 알아봅시다.

저는 이 도끼의 **임자**가 아닙니다.

제가 이 도끼의 **임자**입니다.

문장에서 **주인이 되는** 말을 임자말이라고 합니다.
임자말은 '무엇'이나 '누가'에 해당되는 말입니다.

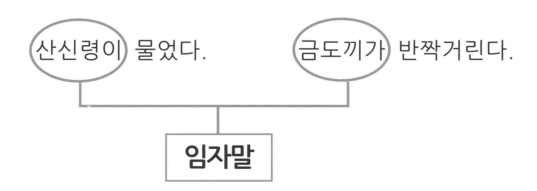

(산신령이) 물었다.   (금도끼가) 반짝거린다.

임자말

선생님께 한마디 문장성분이나 용어를 익히는 것보다 문장구조에 맞게 쓰는 것이 목표입니다. 학생들의
연령이나 능력에 따라 '임자말' 대신 '무엇이'나 '누가'로 설명해주어도 좋습니다.

우리말
약속

월   일   요일   확인

 임자말에 ○ 하세요.

아기가 잔다. 누가	산이 높다. 무엇이
사과는 과일이다. 무엇은	꿀벌이 춤을 춘다. 무엇이

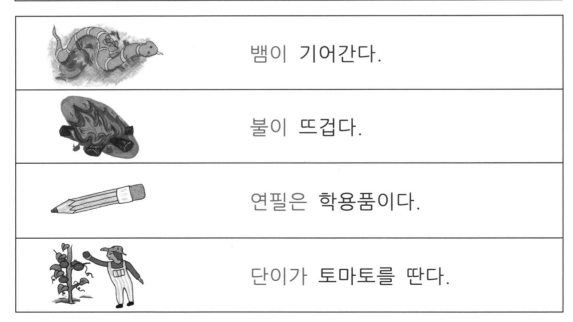

	뱀이 기어간다.
	불이 뜨겁다.
	연필은 학용품이다.
	단이가 토마토를 딴다.

선생님께 한마디 '무엇이(누가) 어찌하다', '무엇이(누가) 어떠하다', '무엇은 무엇이다', '무엇이 무엇을 어찌하다'의 기본적인 문장에서 임자말(주어)은 '누가'나 '무엇이'로 쓰이는 말입니다.

54 2단계 1권 | 지수의 생활

 임자말에 ○ 하세요.

(세호가) 다쳤다.
누가

(종이) 울린다.
무엇이

민지가 운다.

시냇물이 흐른다.

형이 공부한다.

타조가 달린다.

선생님께 한마디   '무엇이(누가) 어찌하다'로 구성된 문장에서 임자말(주어)을 찾도록 합니다.

임자말에 ○ 하세요.

고양이가 귀엽다.   바람이 시원하다.
누가   무엇이

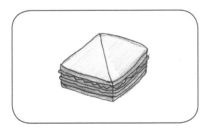

샌드위치가 맛있다.

하늘이 파랗다.

무지개가 예쁘다.

바늘이 뾰족하다.

선생님께 한마디 '무엇이(누가) 어떠하다'로 구성된 문장에서 임자말(주어)을 찾도록 합니다.

임자말에 ○ 하세요.

지수는 학생이다.
무엇은

수박은 과일이다.
무엇은

바지는 옷이다.

기타는 악기다.

김밥은 음식이다.

기린은 동물이다.

선생님께 한마디 '무엇은 무엇이다'로 구성된 문장에서 임자말(주어)을 찾도록 합니다.

임자말에 ○ 하세요.

 (민호가) 지수를 놀립니다.
누가

 (비행기가) 하늘을 날아간다.
무엇이

	벌이 꽃을 찾습니다.
	춘향이가 그네를 탑니다.
	구급차가 환자를 나릅니다.
	친구들이 달리기를 합니다.
	군인이 나라를 지킵니다.

선생님께 한마디 '무엇이(누가) 무엇을 어찌한다'로 구성된 문장에서 임자말(주어)을 찾도록 합니다.

우리 동네를 소개합니다 글마중

우리 동네는 행복동이에요.

나는 학교 앞 이룸아파트에 살아요.

학교 뒤에는 행복시장이 있어요.

시장에서 먹는 왕만두는 참 맛있어요.

시장을 나와 우체국과 경찰서를 지나면

아빠가 일하시는 누리은행이 있어요.

선생님께 한마디 아이들에게 '동네'라는 의미가 생소할 수도 있습니다. 우리 집을 중심으로 주변에 어떤 것이 있는지 이야기를 나눠보고, 사진을 찍거나 그림을 그려 동네 익히기를 함께 해 보세요.

신나는 글읽기

월   일   요일   확인

 우리 동네에 있는 것입니다. <보기>에서 찾아 빈칸에 쓰세요.

<보기>
학교	놀이터	시장
경찰서	우체국	은행

다음 글을 읽고 알맞은 답을 고르세요.

우리 동네는 행복동이에요.
나는 학교 앞 이룸아파트에 살아요.

1. 우리 동네 이름은 무엇인가요? —————————————— (   )

    ① 희망동   ② 행복동   ③ 행신동   ④ 이룸동

2. 내가 사는 아파트 이름은 무엇인가요? —————— (   )

    ① 행복아파트   ② 누리아파트
    ③ 이룸아파트   ④ 동네아파트

3. 내가 사는 아파트는 학교의 어느 쪽에 있나요? — (   )

    ① 학교 뒤   ② 학교 오른쪽
    ③ 학교 왼쪽   ④ 학교 앞

학교 뒤에는 행복시장이 있어요.
시장에서 먹는 왕만두는 참 맛있어요.

4. 학교 뒤에는 무엇이 있나요? ———————————————— (   )

    ① 행복시장   ② 이룸아파트   ③ 경찰서   ④ 누리은행

5. 시장에서 맛있게 먹은 것은 무엇인가요? ————— (   )

    ① 어묵   ② 김밥   ③ 피자   ④ 왕만두

다음 글을 읽고 알맞은 답을 고르거나 쓰세요.

시장에서 나와 우체국과 경찰서를 지나면
아빠가 일하시는 누리은행이 있어요.

1. 시장에서 누리은행에 가려면 어디를 지나야 합니까?

	,	

2. 아빠가 일하시는 곳은 어디인가요? 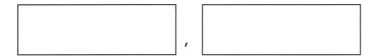 (   )

   ① 우체국   ② 누리은행   ③ 경찰서   ④ 학교

3. 글마중을 잘 읽고 알맞게 연결하세요.

우리 동네는	•	•	행복시장이 있어요.
학교 앞	•	•	누리은행에서 일하세요.
학교 뒤	•	•	왕만두는 참 맛있어요.
행복시장의	•	•	행복동이에요.
아빠는	•	•	이룸 아파트에 살아요.

월   일   요일   확인

 다음 건물에 어울리는 간판을 찾아 연결해 보세요.

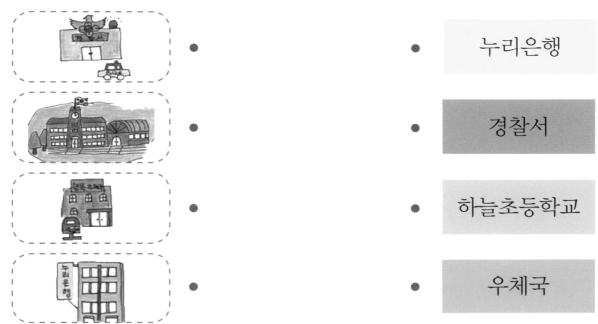

•	•	누리은행
•	•	경찰서
•	•	하늘초등학교
•	•	우체국

 그림을 보면서 '우리 동네 가면~' 노래를 부르며 우리 동네에 있는 것을 써 보세요.

우리 동네 가면 (   )도 있고~

우리 동네 가면 (   )도 있고~

우리 동네 가면 (   )도 있고~

우리 동네 가면 (   )도 있고~

친구들과 '우리 동네 가면~' 놀이를 하면서 우리 동네에 있는
것들을 빈칸에 쓰세요.

우리 동네 가면 (   )도 있고~

우리 동네 가면 (   )도 있고~

우리 동네 가면 (   )도 있고~

우리 동네 가면 (   )도 있고~

우리 동네 가면 (   )도 있고~

 우리 동네를 소개하는 글을 써 보세요.

우리 동네에는

선생님께 한마디 우리 집을 중심으로 동네의 모습을 아이와 함께 사진을 찍거나 그림 그리기를 통해 익힌 후,
우리 동네에 있는 것 쓰기와 우리 동네 소개하는 글쓰기로 확장해 주세요.

놀이터 안전 안내문

민수와 놀이터에 놀러 갔어요.
놀이터에 있는 안내문을
먼저 읽어봤어요.

놀이터에서 꼭! 지켜요.

1. 놀이터에서 위험한 행동은 하지 않습니다.

2. 놀이기구를 이용할 때는 차례를 지킵니다.

3. 놀이터 주변을 깨끗하게 합니다.

4. 음식을 먹으면서 놀이기구를 타지 않습니다.

다음 글을 읽고 알맞은 답을 고르거나 쓰세요.

> 1. 놀이터에서 위험한 행동은 하지 않습니다.
> 2. 놀이기구를 이용할 때는 차례를 지킵니다.

1. 위의 약속은 어디에서 지켜야하는 것인가요?

2. 문장에 어울리는 알맞은 말에 ○ 하세요.

> 놀이터에서 (친절한 행동, 위험한 행동)은 하지 않습니다.

3. 놀이기구를 이용할 때 무엇을 지켜야 하나요? …… (   )

   ① 약속   ② 차례   ③ 신호등   ④ 비밀

> 3. 놀이터 주변을 깨끗하게 합니다.
> 4. 음식물을 먹으면서 놀이기구를 타지 않습니다.

4. 문장에 어울리는 알맞은 말에 ○ 하세요.

> 놀이터 주변을 (깨끗하게, 더럽게) 합니다.

5. 문장을 읽고 맞으면 ○, 틀리면 X 하세요.

놀이터에서 다 먹은 음료수병은 쓰레기통에 버려요.	
아이스크림을 먹으면서 미끄럼틀을 신 나게 타요.	

다음 글을 읽고 알맞은 답을 쓰세요.

	[ ]	을 타고 내려옵니다.
	[ ]	에서 매달리기를 해요.
	[ ]	를 타며 친구를 기다립니다.

 다음 주의사항을 잘 읽고 어떤 놀이기구에 대한 것인지 써 보세요.

• 계단으로 올라가세요.
• 손잡이를 꼭 잡고 엉덩이를 대고 내려오세요.

[   ]

• 자리에 바르게 앉아 양손으로 줄을 꼭 잡으세요.
• 높이 올라가면 위험해요.
• 다 멈추면 안전하게 내려요.

[   ]

• 엉덩이를 대고 앉고 손잡이를 꼭 잡아요.
• 내릴 때는 마주 앉은 친구에게 말하고 천천히 내려요.

'빵그리다' 빵집

우리 동네 맛있는 빵집, 빵그리다 예요.

오늘은 무슨 빵을 파는지 한번 볼까요?

빵그리다 에서 좋은 재료와
정성으로 만든 파이를 판매합니다.

고소한 호두파이   4,000원

촉촉한 사과파이   3,000원

달콤한 초코파이   2,500원

파이 나오는 시간
오전 11시, 오후 2시

선생님께 한마디 생활 주변에서 볼 수 있는 전단지나 동네 빵집과 미용실 등의 광고에도 유용한 정보가 많습니다. 아이들과 함께 실생활 속 정보를 찾는 연습을 해 보세요.

월   일   요일   확인

 글마중을 보고 바르게 연결해 보세요.

촉촉한	고소한	달콤한
●	●	●

●	●	●

초코파이	호두파이	사과파이
●	●	●

●	●	●
2,500원	3,000원	4,000원

다음 글을 읽고 알맞은 답을 고르거나 쓰세요.

빵그리다 에서 좋은 재료와
정성으로 만든 파이를 판매합니다.

1. 빵집의 이름은 무엇인가요?

2. **빵그리다** 에서 판매하는 것은 무엇인가요? ---- (   )

   ① 신발   ② 파이   ③ 옷   ④ 인형

고소한 호두파이   4,000원
촉촉한 사과파이   3,000원
달콤한 초코파이   2,500원

3. 빵그리다에서 파는 파이가 아닌 것은 무엇인가요? (   )

   ① 초코파이   ② 사과파이   ③ 단호박파이   ④ 호두파이

4. 사과파이는 얼마인가요? ──────────── (   )

   ① 1,000원   ② 2,500원   ③ 3,000원   ④ 4,000원

5. 2,500원짜리 파이는 무엇인가요? ──────── (   )

   ① 초코파이   ② 사과파이
   ③ 블루베리파이   ④ 호두파이

월   일   요일   확인

 다음 글을 읽고 알맞은 답을 고르거나 쓰세요.

1. 파이의 가격을 쓰고 가격에 맞게 1000원짜리 지폐를 묶어
   보세요.

호두파이	사과파이
원	원
1000 1000 1000 1000 1000 1000	1000 1000 1000 1000 1000 1000

파이 나오는 시간: 오전 11시, 오후 2시

2. 파이는 하루에 몇 번 만들어서 나오나요? ·········· (   )

   ① 1번   ② 2번   ③ 3번   ④ 4번

3. 파이가 나오는 시간을 모두 고르세요. ······ (   ),(   )

   ① 오전 10시   ② 오전 11시
   ③ 오후 11시   ④ 오후 2시

2장 | 우리 동네 **71**

여러 가지 빵의 특징을 읽고 빵 이름을 <보기>에서 찾아
써 보세요.

<보기>   식빵   케이크   도넛

• 빵 위에 크림이나 과일, 초콜릿 등을
  올려 꾸민 것입니다.
• 생일을 맞이하면 그 위에 초를 꽂고
  축하노래를 부릅니다.

• 토스트나 샌드위치를 만들어 먹을 때
  사용합니다.
• 상자 모양입니다.

• 고리 모양입니다.
• 기름에 튀긴 빵입니다.
• 빵 위에 설탕이나 다양한 재료를
  뿌립니다.

생일 케이크를 예쁘게 꾸미고 생일카드를 만들어 보세요.

영화를 보러 가요

생일에 가족들과 영화를 보러 가요.

몇 시 영화를 볼까요?

12월 20일 개봉

영화 시간표 (월~금)

1회	9:00
2회	10:30
3회	11:40

 영화를 보려면 어디로 가야 하는지 ○ 하세요.

영화관

문방구

놀이터

 영화 포스터를 보고 영화의 제목에 ○ 하세요.

거대한 불길 속으로 간다.
소방관 미스터 코!

이야기 돋보기

월   일   요일   확인

다음 글을 읽고 알맞은 답을 고르거나 쓰세요.

생일에 가족들과 영화를 보러 가요.
몇 시 영화를 볼까요?

1. 생일에 가족들과 무엇을 하기로 했나요? .... (   )

① 선물을 사러 가요.　　　② 밥을 먹으러 가요.
③ 영화를 보러 가요.　　　④ 놀이동산에 가요.

거대한 불길 속으로 간다.
소방관 미스터 코!
12월 20일 개봉

2. 거대한 불길 속으로 가는 미스터 코의 직업은 무엇인가요?

　　　

3. '미스터 코'를 개봉하는 날짜는 언제일까요? .... (   )

① 11월 20일　　　　② 12월 12일
③ 2월 20일　　　　④ 12월 20일

* 개봉: 영화를 처음으로 상영함

다음 글을 읽고 알맞은 답을 고르거나 쓰세요.

영화 시간표 (월~금)

1회	9:00
2회	10:30
3회	11:40

1. '미스터 코'를 상영하는 시간이 아닌 것을 고르세요. (   )

① 11:40   ② 9:30   ③ 9:00   ④ 10:30

2. '미스터 코'는 하루에 몇 번 상영하나요?   회

3. '미스터 코'를 상영하는 요일을 모두 쓰세요.

낱말과 낱말 사이나 숫자와 숫자 사이에

'~' 표시는 줄임 표시입니다.

'~'에는 숨겨진 낱말이나 숫자가 들어있답니다.

1~5: 1, 2, 3, 4, 5

낱말 창고

월   일   요일   확인

 '개봉'의 뜻을 배워봅시다.

 ① 봉해두었던 것을 뜯거나 여는 것

집으로 배달 온 상자를 바로 개봉해보았다.

편지를 개봉하지 않고 버렸다.

 ② 새 영화를 처음으로 상영하는 것

추석에 영화를 개봉하려고 열심히 찍고 있다.

오늘은 〈어벤져스 2〉를 개봉하는 날이야!

 '개봉'의 뜻을 배워봅시다.

	편지가 [　　　] 된 채로 배달되었다.	
	영화를 [　　　] 하는 날 보러 가야지!	
	〈겨울왕국〉이 드디어 [　　　] 됐다.	

전자식 시각 읽기에 대해서 배워봅시다.

9:00 ➡ 9시 　/　 9:30 ➡ 9시 30분
시　분

디지털(전자) 시계 읽기　　10:20　　10시 20분

 다양한 시각 읽기를 해 보고 문제를 풀어 보세요.

9:00	9시
10:30	____시 ____분
11:40	____시 ____분

08:55　늦잠을자서 학교에 _____ 시 _____ 분에 도착했다.

12:15　영화관 앞에서 _____ 시 _____ 분에 만나!

글마중 우리 강아지를 찾아주세요

방울이랑 놀이터로 산책을 나왔어요.

방울이를 잠시 묶어두고 화장실에 다녀왔는데

방울이가 없어졌어요. 방울아!

〈우리 강아지를 찾아주세요〉

- 이름: 방울이
- 10월 5일 놀이터에서 잃어버렸음.
- 특징: 몸은 흰색, 귀와 꼬리는 검은색임.
★ 우리 방울이를 보신 분은 꼭 연락주세요.
★ 전화번호: 010-1234-5678

방울이 주인 송지수

월   일   요일   확인

 강아지를 찾는 글에서 중요한 내용을 찾아 써 보세요.

〈우리 ☐☐☐☐ 를 찾아주세요〉

• 이름: ☐☐☐☐

• 10월 5일 ☐☐☐☐ 에서 잃어버렸음.

• 특징: 몸은 ☐☐☐ , 귀와 꼬리는 ☐☐☐ 임.

★ 우리 방울이를 보신 분은 꼭 연락주세요.

★ ☐☐☐ : 010-1234-5678

방울이 주인 ☐☐☐

다음 글을 읽고 알맞은 답을 고르거나 쓰세요.

- 이름: 방울이
- 10월 5일 놀이터에서 잃어버렸음.
- 특징: 몸은 흰색, 귀와 꼬리는 검은색임.

1. 지수는 무엇을 잃어버렸나요? ─────────── (   )

   ① 고양이   ② 강아지   ③ 동생   ④ 자전거

2. 강아지를 어디에서 잃어버렸나요? ───────── (   )

   ① 학교   ② 운동장   ③ 놀이터   ④ 시장

3. 강아지의 이름은 무엇인가요?

4. 위의 글을 읽고 맞으면 ○, 틀리면 X 하세요.

지수는 놀이터에서 방울이를 잃어버렸어요.	
잃어버린 강아지의 이름은 바둑이에요.	
방울이는 몸이 흰색이고 귀와 꼬리는 검은색이에요.	

월   일   요일   확인

다음 글을 읽고 알맞은 답을 고르거나 쓰세요.

★우리 방울이를 보신 분은 꼭 연락주세요.

★전화번호: 010-1234-5678

방울이 주인 송지수

1. 방울이를 본 사람은 어떻게 해야 하나요? ·········· (   )

    ① 방울이 주인에게 연락하기   ② 방울이와 함께 놀기

    ③ 방울이에게 밥 주기   ④ 방울이 숨기기

2. 방울이를 본 사람은 어디로 전화해야 하나요?

    010 - ◯◯◯◯ - ◯◯◯◯

3. 방울이 주인은 지금 어떤 마음일까요? (   ),(   )

    ① 방울이가 보고 싶다.   ② 방울이가 밉다.

    ③ 즐겁고 신이 난다.   ④ 방울이를 잃어버려 슬프다.

'잃어버리다'와 '잊어버리다'를 배워봅시다.

잃어버리다
① 가지고 있던 물건이 자기도 모르게 없어짐.
② 같이 있던 사람과 헤어짐.
③ 길이나 방향을 못 찾음.

현장학습을 가서 돈을 잃어버렸다.
서울역에서 엄마를 잃어버리고 울고 있었다.

잊어버리다 | 기억하고 있던 것을 전혀 기억하지 못함.

미술 준비물을 사야 하는데 깜박 잊어버렸다.
구구단 9단을 잊어버려서 다시 외워야겠다.

 문장을 읽고 '잃어버리다'와 '잊어버리다'를 알맞게 쓰세요.

1. 우리 집 강아지를 놀이터에서 [   ].

2. 친구와 노느라 학원 가는 것도 [   ].

3. 산에서 길을 [   ] 한참을 헤맸다.

월   일   요일   확인

 교실이나 집에서 잃어버린 것이 있나요? 찾기 위한 글을
써 보세요.

_____ 를 찾습니다.

_____

_____

_____

이름: _____

임자말을 도와주는 토씨를 찾아 ○ 하세요.

호두파이<u>가</u> 고소하다.

꽃<u>이</u> 피었다.

임자말을 도와주는 토씨에는 '이', '가'가 있습니다.
받침이 있는 말 뒤에는 '이'를 쓰고, 받침이 없는 말 뒤에는
'가'를 씁니다.

 비가 온다.	 매미가 운다.
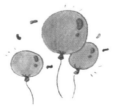 풍선이 올라간다.	 산이 높다.

선생님께 한마디   낱말에 토씨(조사)가 합쳐져서 임자말(주어)이 됩니다. 여기서 '이', '가'는 주격조사입니다.

우리말
약속

 임자말을 도와주는 토씨를 찾아 ○ 하세요.

비행기는 빠르다.

밤은 어둡다.

임자말을 도와주는 토씨에는 '은', '는'이 있습니다.
받침이 있는 말 뒤에는 '은'을 쓰고, 받침이 없는 말 뒤에는
'는'을 씁니다.

참외는 노랗다.	토마토는 빨갛다.
약은 쓰다.	사탕은 달다.

선생님께 한마디   낱말에 토씨(조사)가 합쳐져서 임자말(주어)이 됩니다. 여기서 '은', '는'은 '한정'의 의미를 가진 보조사입니다.

토씨 '이'와 '가' 중에서 알맞은 말에 ○ 하세요.

	아저씨들	⟨이⟩ 가	공사를 한다.
	지수	이 ⟨가⟩	가방을 들어주었다.

	친구들	이 가	시소를 탄다.

아빠	이 가	선물을 싣는다.

	동생	이 가	목욕을 한다.

세호	이 가	다리를 다쳤다.

우리말 약속

 토씨 '은'과 '는' 중에서 알맞은 말에 ○ 하세요.

	우리 가족	ⓔ 은 / 는	송편을 빚어요.
(미끄럼틀)	지수	은 / ⓔ 는	미끄럼틀을 타요.

(은행)	아빠	은 / 는	은행에서 일해요.

아이들	은 / 는	딱지를 쳐요.	

(문구점)	문구점	은 / 는	학교 앞에 있어요.

민호	은 / 는	장난꾸러기예요.	

우리말 약속

월   일   요일   확인

 토씨 '이'와 '가'를 바르게 고쳐 보세요.

동생 (가) 이를 닦습니다.

→ 이

	가방 (가) 무겁습니다. → ☐
	영수 (이) 감기에 걸렸습니다. → ☐
	아이들 (가) 제기를 찹니다. → ☐
	날씨 (이) 너무 덥습니다. → ☐

 토씨 '은'과 '는'을 바르게 고쳐 보세요.

 치과의사 은 이를 치료합니다.

는

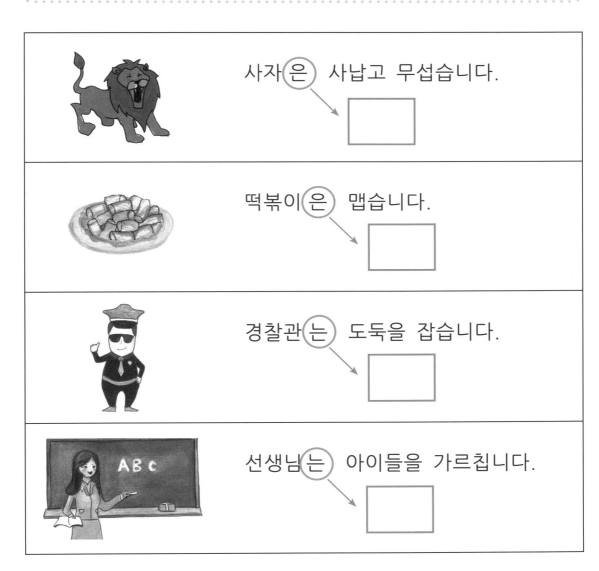

사자 은 사납고 무섭습니다.

떡볶이 은 맵습니다.

경찰관 는 도둑을 잡습니다.

선생님 는 아이들을 가르칩니다.

문장에 알맞은 토씨 '이'와 '가'를 써 보세요.

바람 ☐ 분다.

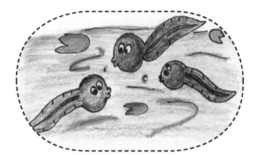

올챙이 ☐ 헤엄친다.

눈 ☐ 내린다.

잠자리 ☐ 날아다닌다.

나뭇잎 ☐ 떨어진다.

날씨 ☐ 춥다.

문장에 알맞은 토씨 '은'과 '는'을 써 보세요.

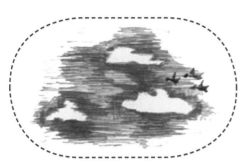

하늘 ☐ 파랗다.

사과 ☐ 새콤달콤하다.

형 ☐ 축구선수이다.

과자 ☐ 맛있다.

포도 ☐ 달콤하다.

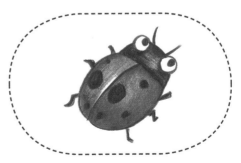

무당벌레 ☐ 곤충이다.

내가 하는 일

나는 집안일을 잘 돕습니다.

식사 시간에는 밥상에 수저를 놓습니다.

신발 정리도 내 몫입니다.

책가방을 스스로 챙깁니다.

가끔 동생과 놀아주기도 하지요.

놀고 나면 장난감을 정리합니다.

글마중을 읽고 내가 하는 집안일과 알맞은 그림을 연결하세요.

   •   •   신발을 정리합니다.

   •   •   장난감을
                                         정리합니다.

   •   •   밥상에 수저를
                                         놓습니다.

   •   •   책가방을 챙깁니다.

   •   •   동생과 놀아줍니다.

다음 글을 읽고 알맞은 답을 고르거나 쓰세요.

> 나는 집안일을 잘 돕습니다.
> 식사 시간에는 밥상에 수저를 놓습니다.
> 신발 정리도 내 몫입니다.

1. 나는 무엇을 잘하나요? ─────────────── (   )

   ① 숙제를 잘한다.   ② 집안일을 잘 돕는다.
   ③ 노래를 잘한다.   ④ 선생님을 잘 돕는다.

2. 나는 집에서 어떤 일을 돕나요? ───── (   ),(   )

   ① 수저 놓기   ② 빨래하기   ③ 신발 정리   ④ 옷장 정리

> 책가방을 스스로 챙깁니다.
> 가끔 동생과 놀아주기도 하지요.
> 놀고 나면 장난감을 정리합니다.

3. 책가방은 누가 챙기나요? ─────────────── (   )

   ① 엄마   ② 나   ③ 선생님   ④ 동생

4. 동생과 놀고 나면 무엇을 하나요? ────────── (   )

   ① 장난감 정리   ② 신발 정리   ③ 가방 정리   ④ 빨래 정리

'몫'에 대해 알아봅시다. □안에 몫을 써 보세요.

몫 → 여럿으로 나누어 가지는 각 부분

(다람쥐 그림)	내가 가져야 할 부분을 몫이라고 말합니다.	각자 ☐ 을 나누자. 자기 ☐ 을 가져.
(청소함정리 그림)	내가 해야 할 역할을 몫이라고도 합니다.	우리 반에서 자기가 해야 할 ☐ 이 있다.
6 ÷ 3 = 2 몫 ↰	나누기를 하고 난 답을 몫이라고도 합니다.	6을 3으로 나누면 ☐ 은 2이다.

 바르게 소리 내어 읽어봅시다. '몫'을 읽을 때는 받침 'ㅅ'이 뒤로 넘어가 소리가 납니다.

쓸 때) 내 몫입니다.   →   읽을 때) [내 목심니다]

쓸 때) 자기 몫을 챙겨라.   →   읽을 때) [자기 목슬 챙겨라]

여러분이 집에서 하는 일은 무엇인가요? 동그라미 안에
낱말을 쓰고 아래에 문장으로 써 보세요.

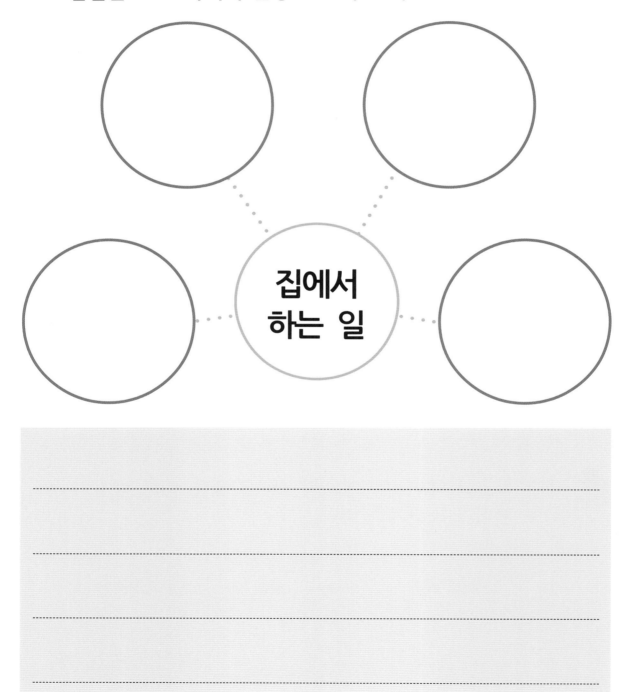

집에서
하는 일

엄마의 외출

학교에서 돌아오니 집에 아무도 없었어요.

엄마는 쪽지를 남기고 외출하셨어요.

지수야!
우체국에 다녀올게.
냉장고에 있는 샌드위치랑 우유 먹어.
먹기 전에 꼭 손 씻어.
빨리 갔다 올 테니까 숙제하고 있어.

― 사랑하는 엄마가 ―

신나는 글읽기

월   일   요일   확인

글마중을 읽고 알맞은 그림에 ○ 하세요.

1. 엄마는 어디에 가셨나요?

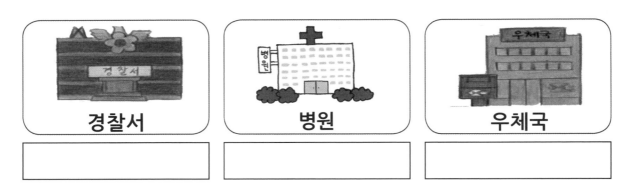

경찰서	병원	우체국

2. 지수의 간식은 무엇인지 모두 ○ 하세요.

피자	우유	김밥	샌드위치

3. 지수는 간식을 먹기 전에 무엇을 해야 하나요?

운동하기	손 씻기	설거지하기

월   일   요일   확인

 다음 글을 읽고 알맞은 답을 고르거나 쓰세요.

> 학교에서 돌아오니 집에 아무도 없었어요.
> 엄마는 쪽지를 남기고 외출하셨어요.

1. 지수는 어디에 다녀왔나요? ·················· (   )

   ① 학원   ② 학교   ③ 도서관   ④ 태권도장

2. 집에는 누가 있었나요? ···················· (   )

   ① 엄마   ② 아빠   ③ 동생   ④ 아무도 없었다.

3. 엄마는 무엇을 남기고 외출하셨나요? ··········· (   )

   ① 쪽지   ② 전화   ③ 문자   ④ 이메일

4. 엄마는 쪽지를 남기고 [   ] 하셨어요.

5. 집에 혼자 있으면 기분이 어떨까요?

   [   ]

다음 글을 읽고 알맞은 답을 고르세요.

지수야!
엄마 우체국에 다녀올게.

1. 누가 누구에게 쓴 쪽지인가요? ················· (   )

　　① 지수가 엄마에게　　　② 엄마가 지수에게
　　③ 지수가 삼촌에게　　　④ 엄마가 삼촌에게

냉장고에 샌드위치랑 우유 있으니까 먹어.
먹기 전에 꼭 손 씻어.
빨리 갔다 올 테니까 숙제하고 있어.

3. 냉장고에 무엇이 있는지 모두 고르세요. (   ),(   )

　　① 샌드위치　　② 햄버거　　③ 우유　　④ 콜라

4. 지수가 간식을 먹기 전에 해야 할 일은 무엇인가요? (   )

　　① 설거지하기　② 목욕하기　③ 손 씻기　④ 빨래하기

5. 엄마는 지수에게 무엇을 하라고 했나요? ················· (   )

　　① 노래　　　② 숙제　　　③ 빨래　　　④ 공부

우리 동네 여러 시설의 종류와 하는 일을 연결해 보세요.

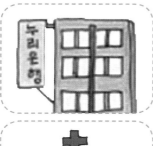

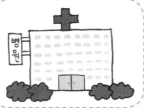

병원

우체국

은행

소방서

도서관

경찰서

불이 나면
불도 끄고
사람도 구해요.

책을 보거나
빌릴 수 있어요.

돈을 저금하고
찾을 수 있어요.

택배나 편지를
보낼 수 있어요.

나쁜 사람이나
일들로부터
우리를
보호해줘요.

아픈 사람들을
치료해요.

뽐내기

월   일   요일   확인

 친구와 놀기로 해서 엄마에게 쪽지를 남기려고 해요.
어떻게 써야 할지 꼭 필요한 내용을 써 보세요.

누구를 만나나요? ———

어디에 가나요? ———

무엇을 할 건가요? ———

언제까지 집에 오나요? ———

엄마!

[   ] 와 [   ] 에
  누구   어디

다녀올게요.

[   ] 까지 돌아올게요.
  언제

지수의 편지

사랑하는 할아버지께

할아버지, 안녕하세요? 저 지수예요.

오늘 개학을 했어요. 친구들을 만나서 좋았지만 너무 더웠어요. 시냇물에 '풍덩' 들어가고 싶었어요. 방학 때 할아버지랑 물놀이도 하고 맨손으로 송어를 잡았던 게 생각나요. 다시 방학이 돌아왔으면 좋겠어요. 할아버지 아프지 말고 건강하세요!

　　　　　　　　　 9월 1일　예쁜 손녀 지수 올림

※ 할아버지랑 찍은 사진도 같이 보낼게요.

신나는 글읽기

월   일   요일   확인

글마중을 읽고 알맞은 그림에 ◯ 하세요.

1. 지수가 누구에게 편지를 썼나요?

엄마	할아버지	할머니

2. 지수가 할아버지 댁에서 무엇을 했는지 모두 ◯ 하세요.

소 여물 주기	물고기 잡기	수영하기	송편 만들기

3. 지수가 보낸 사진은 무엇인지 모두 ◯ 하세요.

다음 글을 읽고 알맞은 답을 고르거나 쓰세요.

사랑하는 할아버지께

할아버지, 안녕하세요? 저 지수예요.

1. 누가 누구에게 쓴 편지인가요? .... (   )

   ① 지수가 할아버지께   ② 할아버지가 지수에게
   ③ 지수가 할머니께   ④ 선생님이 지수에게

2. 편지쓰기를 시작할 때에 알맞은 인사말을 써 보세요.

   할아버지, [   ]

오늘 개학을 했어요. 친구들을 만나서 좋았지만 너무 더워서
힘들었어요. 시냇물에 '풍덩' 들어가고 싶었어요.

3. 지수네 학교는 무엇을 했나요? .... (   )

   ① 방학   ② 개학   ③ 휴학   ④ 복학

4. 지수는 왜 힘들었나요? .... (   )

   ① 친구들을 만나서   ② 방학을 해서   ③ 너무 더워서

5. 너무 더워서 어디에 들어가고 싶었나요? .... (   )

   ① 시냇물   ② 학교   ③ 집   ④ 은행

다음 글을 읽고 알맞은 답을 고르거나 쓰세요.

방학 때 할아버지랑 물놀이도 하고
맨손으로 송어를 잡았던 게 생각나요.
다시 방학이 돌아왔으면 좋겠어요.
할아버지, 아프지 말고 건강하세요!
9월 1일

예쁜 손녀 지수 올림

1. 지수가 할아버지랑 무엇을 했는지 모두 고르세요. (   ),(   )

　 ① 물놀이   ② 포도 따기   ③ 송어 잡기   ④ 집짓기

2. 지수가 할아버지께 한 끝인사를 쓰세요.

　 할아버지, 　☐

3. 편지를 쓴 날짜는 언제인가요? ──────────── (   )

　 ① 8월 1일   ② 8월 9일   ③ 9월 1일   ④ 9월 9일

4. '지수는 할아버지의 ☐ 입니다.' 빈칸에 알맞은 말은
　 무엇일까요? ──────────────── (   )

　 ① 손녀   ② 손자   ③ 아들   ④ 딸

월   일   요일   확인

방학 동안 할 수 있는 일과 설명하는 말을 연결해 보세요.

                    친척 집을
                                        방문해요.

   박물관을
                                        관람해요.

   영화를
                                        감상해요.

   물놀이를
                                        해요.

   봉사 활동을
                                        해요.

   공부와 숙제를
                                        해요.

   자연을
                                        관찰해요.

 방학 동안 있었던 일의 사진을 붙이고 내용을 써 보세요.

<사진>

진우가 다친 날

날씨 좋은 토요일,

나는 진우와 공원에 갔습니다.

인라인스케이트를 신 나게 탔습니다.

우리는 쌩쌩 달리다가

꽝 부딪쳐 넘어졌습니다.

나는 깜짝 놀라서 엉엉 울었습니다.

진우는 팔이 무척 아파 보였습니다.

"진우야, 괜찮아?"

진우는 병원에서 치료를 받았습니다.

"미안해, 진우야."

"아니야, 내가 더 조심할 걸 그랬어."

글마중을 읽고 공원에서 있었던 일의 순서에 맞게 ○안에 번호를 쓰세요. 그리고 □에 알맞은 말을 써 보세요.

1

나는 진우와 공원에서

[   ]를

탔습니다.

○

[   ] 달리다가

[   ] 부딪쳐

넘어졌습니다.

3

나는 다치지 않았지만

진우는 [   ]을

다쳤습니다.

○

진우는 [   ]에서

치료를 받았습니다.

월   일   요일   확인

 다음 글을 읽고 알맞은 답을 고르거나 쓰세요.

> 날씨 좋은 토요일,
> 나는 진우와 공원에 갔습니다.
> 인라인스케이트를 신 나게 탔습니다.
> 우리는 쌩쌩 달리다가 쾅 부딪쳐 넘어졌습니다.

1. 언제 있었던 일입니까? [   ]

2. 토요일은 어떤 날씨였나요? ⋯⋯⋯⋯⋯⋯⋯ (   )

   ① 눈 오는 날 ② 맑은 날 ③ 비 오는 날 ④ 태풍이 분 날

3. 나와 진우는 어디에 갔나요? ⋯⋯⋯⋯⋯⋯⋯ (   )

   ① 공장   ② 동산   ③ 놀이터   ④ 공원

4. 나와 진우는 공원에서 무엇을 탔나요? ⋯⋯⋯ (   )

   ① 자동차   ② 스키   ③ 인라인스케이트   ④ 자전거

5. 나와 진우는 인라인스케이트를 어떻게 탔나요? ⋯ (   )

   ① 신 나게 쌩쌩 탔다.   ② 겁나서 조심조심 탔다.
   ③ 아빠에게 매달려 탔다.   ④ 엄마와 손잡고 탔다.

6. 인라인스케이트를 타다가 어떻게 됐나요? ⋯⋯ (   )

   ① 혼자 넘어졌다.   ② 둘이 부딪쳐 넘어졌다.
   ③ 한 번도 안 넘어졌다.   ④ 자전거와 부딪쳐 넘어졌다.

다음 글을 읽고 알맞은 답을 고르거나 쓰세요.

> 나는 깜짝 놀라서 엉엉 울었습니다.
> 진우는 팔이 무척 아파 보였습니다.

1. 나는 왜 울었나요? ────────────── (   )

　① 팔을 다쳐서　　　　　② 깜짝 놀라서
　③ 병원에 가서　　　　　④ 아파서

> 진우는 병원에서 치료를 받았습니다.
> "미안해, 진우야."
> "아니야, 내가 더 조심할 걸 그랬어."

2. 진우는 어디에서 치료를 받았나요? ────── (   )

　① 집　　　　② 병원　　　　③ 학교　　　　④ 지수네 집

3. 나는 진우에게 무엇이라고 사과했나요?

"□□□□□□□□□□□□□" .

4. 진우는 나에게 무슨 말을 했나요? ──────── (   )

　① "너 때문에 다쳤잖아."　　　② "이제 너랑 안 놀아."
　③ "미안해, 지수야."　　　　　④ "내가 더 조심할 걸 그랬어."

어느 병원에 가야 할까요? 어울리게 연결하세요.

   안과   귀, 코, 목이 아플 때 가요.

   치과   눈이 아프거나 시력 검사를 할 때 가요.

   이비인후과   뼈를 다쳤을 때 가요.

   소아청소년과   이가 아프거나 구강 검진을 할 때 가요.

   정형외과   배가 아프거나 감기에 걸렸을 때 가요.

추석

추석 전날, 우리 가족은 고향으로 갔습니다.
"우리 강아지, 어서 와라."
할아버지, 할머니께서 반갑게
맞아주셨습니다.

온 가족이 모여 송편을 빚었습니다.
집안에 맛있는 냄새가 가득합니다.
보름달을 바라보며 소원을 빌었습니다.

추석날입니다. 차례를 지내고 꼬불꼬불
산길을 따라 성묘를 갔습니다. 산에서
밤을 따며 놀았습니다.

집으로 돌아오는 날, 할머니께서
맛있는 음식을 잔뜩 싸 주셨습니다.
"할아버지, 할머니, 안녕히 계세요."

글마중을 읽고 추석에 있었던 일과 그림을 연결하세요.

할아버지, 할머니께서
반갑게 맞아주십니다.   •   •

온 가족이 모여
송편을 빚었습니다.

차례를 지내고
성묘를 갔습니다.   •

산에서 밤을 따며
놀았습니다.   •

집으로 돌아오는 날,
할머니께서 맛있는
음식을 싸 주셨습니다.   •

글마중을 읽고 추석에 있었던 일의 순서에 맞게 ○안에 번호를 쓰세요. 그리고 □에 알맞은 말을 써 보세요.

①

추석 전날,

할아버지, 할머니가 계시는

[   ]으로 갔습니다.

송편도 빚고

보름달을 보며

[   ]을 빌었습니다.

추석날,

[   ]도 가고

산에서 밤을 따며

놀았습니다.

④

[   ]에 가는 날,

할머니께서 맛있는 음식을

많이 싸주셨습니다.

다음 글을 읽고 알맞은 답을 고르세요.

> 추석 전날, 우리 가족은 고향으로 갔습니다.
> '우리 강아지, 어서 와라.'
> 할아버지, 할머니께서 반갑게 맞아주십니다.

1. 추석 전날에 지수네 가족은 어디로 갔나요? ⸺⸺ (   )

  ① 고향   ② 서울   ③ 큰아버지 댁   ④ 지수네 집

2. 언제 고향으로 갔나요? ⸺⸺⸺⸺⸺⸺ (   )

  ① 추석 전날   ② 추석날   ③ 추석 다음 날   ④ 설날

3. "우리 강아지, 어서 와라."는 누가 한 말인지 모두 고르세요.
  ⸺⸺⸺⸺⸺⸺⸺⸺ (   ),(   )

  ① 할머니   ② 언니   ③ 할아버지   ④ 동생

4. "우리 강아지"는 누구를 말하는 것일까요? ⸺⸺ (   )

  ① 강아지   ② 지수   ③ 아빠   ④ 엄마

5. 할아버지, 할머니를 만났을 때 지수는 어떻게 인사할까요?
  빈칸에 알맞은 말을 써 보세요.

다음 글을 읽고 알맞은 답을 고르거나 쓰세요.

> 온 가족이 모여 송편을 빚었습니다.
> 집안에 맛있는 냄새가 가득합니다.
> 보름달을 바라보며 소원을 빌었습니다.

1. 온 가족이 모여 무엇을 했나요? —————————————— (   )

   ① 송편을 빚었습니다.   ② 전을 부쳤습니다.
   ③ 큰아버지 댁에 갔습니다.   ④ 윷놀이를 했습니다.

2. 집안이 무엇으로 가득했나요? —————————————— (   )

   ① 동네 사람들   ② 아기 울음소리   ③ 맛있는 냄새

3. 보름달을 바라보며 무엇을 했나요? ———————————— (   )

   ① 쥐불놀이를 했습니다.   ② 소원을 빌었습니다.
   ③ 강강술래를 했습니다.   ④ 노래를 불렀습니다.

4. 송편을 빚고 보름달을 보며 [   ]을 빌었습니다.

5. 보름달을 보며 어떤 소원을 빌고 싶나요? 한 가지만 써 보세요.

   [   ]

다음 글을 읽고 알맞은 답을 고르거나 쓰세요.

추석날입니다. 차례를 지내고 꼬불꼬불 산길을 따라 성묘를 갔습니다. 산에서 밤을 따며 놀았습니다.

1. 추석날 차례를 지내고 무엇을 했나요? ⋯⋯⋯⋯ (   )

   ① 세배를 했다.   ② 성묘를 갔다.
   ③ 여행을 갔다.   ④ 소원을 빌었다.

2. 산길은 어떤 모습이었나요? ⋯⋯⋯⋯⋯⋯⋯ (   )

   ① 데굴데굴   ② 하늘하늘   ③ 꼬불꼬불   ④ 쭉쭉

3. 추석날 한 일을 모두 골라 ○ 하세요.

성묘를 했다.	송편을 빚었다.	밤을 땄다.

집으로 돌아오는 날, 할머니께서 맛있는 음식을 잔뜩 싸 주셨습니다. "할아버지, 할머니, 안녕히 계세요!"

4. 할머니께서 무엇을 싸 주셨나요? ⋯⋯⋯⋯⋯ (   )

   ① 한복   ② 맛있는 음식   ③ 장갑   ④ 용돈

낱말 창고

낱말 공부를 해 봅시다.

차례 → 명절, 조상의 생일, 매월 음력 초하루나 보름에 간단히 지내는 제사

성묘 → 조상의 묘를 돌보는 일. 주로 설, 한식, 추석에 함

〈보기〉를 보고 빈칸에 알맞은 낱말을 넣어 보세요.

1. 돌아가신 할아버지 산소에 [   ] 를 갔어요.
2. 송편, 술, 과일을 차려놓고 조상님께 [   ] 를 지냈어요.
3. 아빠가 할머니 산소를 돌보러 [   ] 를 가셨다.
4. 설날에는 떡국을 차려놓고 [   ] 를 지냈다.

〈보기〉   차례   성묘

월   일   요일   확인

 친척에 대해 알아보고 있었던 일을 써 보세요.

1. 자주 만나는 친척들은 누구인지 써 보세요.

2. 제일 좋아하는 친척은 누구인가요?

3. 제일 좋아하는 친척과 무엇을 했나요?

4. 추석에 한 일을 써 보세요.

 그림을 보고 어울리는 문장이 되도록 연결해 보세요.

바람이   축구화는   지수가

시원하다.   웃는다.   신발이다.

그림을 보고 어울리는 문장이 되도록 연결해 보세요.

지수는   •   •   모자를 썼다.

민수와 성주가   •   •   눈사람을 만든다.

눈사람이   •   •   눈싸움을 한다.

겨울은   •   •   추운 계절이다.

우리말 약속

월   일   요일   확인

 그림을 보고 알맞은 임자말을 <보기>에서 골라 써 보세요.

<보기>   아기가   산은   비가   별이   상어는

	반짝인다.
	기어간다.
	내린다.
	높다.
	물고기이다.

우리말 약속

 그림을 보고 알맞은 임자말을 〈보기〉에서 골라 써 보세요.

〈보기〉
우리 가족은   나는   진우는
아이들이   지수가

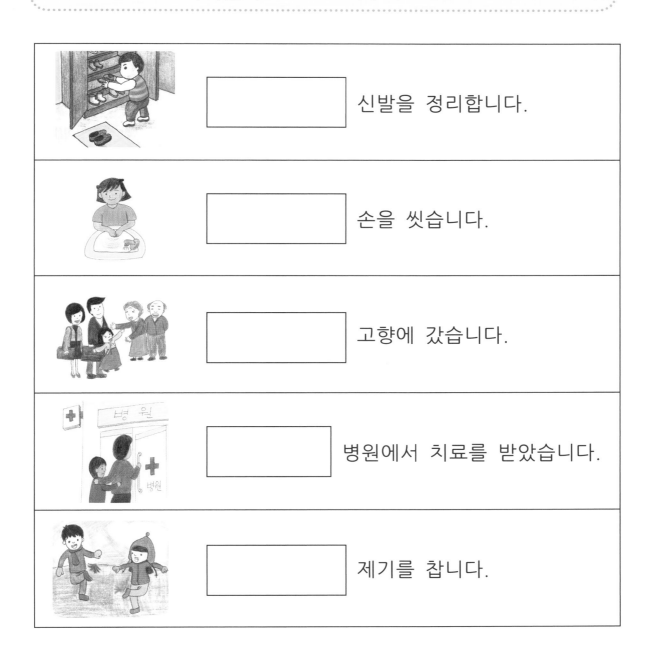

	신발을 정리합니다.
	손을 씻습니다.
	고향에 갔습니다.
	병원에서 치료를 받았습니다.
	제기를 찹니다.

진우와 민호

진우는 나랑 친한 친구예요.

오늘 쉬는 시간에 교실에서 진우랑

공기놀이를 했어요.

진우와 노는 건 참 재미있어요.

점심시간에 운동장에 나갔어요.

갑자기 민호가 나를 툭 치고 도망갔어요.

"나 잡아봐라."

나는 민호가 너무 미워요.

월   일   요일   확인

 나는 오늘 진우와 무엇을 하고 놀았나요?

소꿉놀이	공놀이	공기놀이

 오늘 친구들과 있었던 일입니다. 어떤 마음이 드는지 써 보세요.

그래, 이번엔 더 잘할 거야!

진우랑 공기놀이할 때

나 잡아봐라.

민호가 약 올릴 때

다음 글을 읽고 알맞은 답을 고르거나 쓰세요.

> 진우는 나랑 친한 친구예요.
> 오늘 쉬는 시간에 교실에서 진우랑 공기놀이를 했어요.
> 진우와 노는 건 참 재미있어요.

1. 나와 친한 친구는 누구인가요?

2. 나는 진우와 무엇을 했나요? .... (   )

   ① 공기놀이   ② 소꿉놀이   ③ 말타기   ④ 윷놀이

3. 진우와 어디에서 놀았나요?

4. 진우와 언제 놀았나요? .... (   )

   ① 수학 시간   ② 국어 시간   ③ 쉬는 시간   ④ 점심 시간

5. 진우와 놀 때 어떤 기분이 드나요? .... (   )

   ① 슬프다   ② 재미있다   ③ 짜증난다   ④ 심심하다

다음 글을 읽고 알맞은 답을 고르세요.

점심 시간에 운동장에 나갔어요.
갑자기 민호가 나를 툭 치고 도망갔어요.
"나 잡아봐라."
나는 민호가 너무 미워요.

1. 언제 있었던 일인가요? ··· (   )

　　① 수업 시간　　② 쉬는 시간　　③ 점심 시간　　④ 체육 시간

2. 민호가 나에게 어떤 행동을 했나요? ····················· (   )

　　① 나를 툭 치고 도망갔다.
　　② 나에게 와서 같이 놀자고 했다.
　　③ 나를 넘어뜨렸다.
　　④ 내 이름을 불렀다.

3. 민호와의 일은 어디에서 있었던 일인가요? ············· (   )

　　① 교실　　　　② 운동장　　　　③ 체육관　　　　④ 집

4. 나는 민호에 대해 어떤 마음인가요? ····················· (   )

　　① 기분 좋다　　② 재미있다　　③ 밉다　　④ 무섭다

친구와 재미있었던 일을 떠올려 보세요. 아래 질문에 답하고 문장을 만들어 글을 써 보세요.

친구 이름은 무엇인가요?

언제 있었던 일인가요?

어디에서 있었던 일인가요?

어떤 일이 있었나요?

어떤 기분이 들었나요?

할리갈리

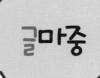

지수가 친구들이랑 할리갈리 게임을 하기로 했어요.
게임 설명서를 읽어 보아요.

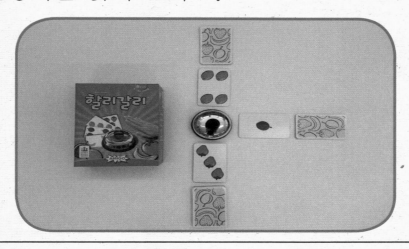

[할리갈리 게임 방법]

1. 카드를 사람 수에 맞게 나누어 가져요.

2. 받은 카드는 뒤집어서 자기 앞에 놓아요.

3. 한 사람씩 돌아가며 카드 한 장을 뒤집어요.

4. 같은 과일 다섯 개가 보이면 종을 쳐요.

5. 종을 친 사람이 카드를 모두 가져가요.

6. 카드를 가장 많이 갖고 있는 사람이 이겨요.

다음 글을 읽고 알맞은 답을 고르거나 쓰세요.

지수가 친구들이랑 할리갈리 게임을 하기로 했어요.

게임 설명서를 읽어 보아요.

[할리갈리 게임 방법]

1. 카드를 사람 수에 맞게 나누어 가져요.
2. 받은 카드는 뒤집어서 자기 앞에 놓아요.

1. 지수는 친구들이랑 어떤 게임을 하기로 했나요?

2. 할리갈리 게임을 시작할 때 제일 먼저 무엇을 하나요?(   )

   ① 카드를 사람 수에 맞게 나눠 가져요.
   ② 카드를 뒤집어서 놓아요.
   ③ 카드를 모두 모아요.

3. 각자 카드를 받고 나면 어떻게 해야 하나요? …… (   )

   ① 옆 사람에게 카드를 줘요.
   ② 카드를 뒤집어서 자기 앞에 놓아요.
   ③ 카드를 모아서 한 곳에 쌓아요.

다음 글을 읽고 알맞은 답을 고르거나 쓰세요.

[할리갈리 게임 방법]
3. 한 사람씩 돌아가며 카드 한 장을 뒤집어요.
4. 같은 과일 다섯 개가 보이면 종을 쳐요.
5. 종을 친 사람이 카드를 모두 가져가요.
6. 카드를 가장 많이 갖고 있는 사람이 이겨요.

1. 이 글은 무엇에 대해 알려주고 있나요? ············· (   )
   ① 보드게임의 종류
   ② 할리갈리 하는 방법
   ③ 젠가 하는 방법
   ④ 윷놀이하는 방법

2. 할리갈리 게임에서 언제 종을 치나요?

   같은 과일 [   ] 가 보이면 종을 쳐요.

3. 할리갈리 게임에서 어떤 사람이 이기나요? ············· (   )
   ① 바나나 카드를 갖고 있는 사람
   ② 카드가 한 개도 없는 사람
   ③ 카드를 가장 적게 갖고 있는 사람
   ④ 카드를 가장 많이 갖고 있는 사람

내가 좋아하는 보드게임의 사진을 붙이고 아래 내용을 완성해 보세요.

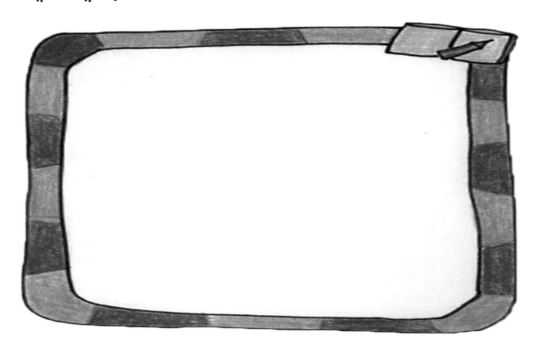

1. 내가 좋아하는 보드게임은?

2. 이 게임을 누구와 했나요?

3. 이 게임을 어디에서 했나요?

4. 이 게임은 어떤 점이 재미있나요?

현장체험학습 안내장 글마중

선생님께서 가정통신문을 나누어 주셨어요.

2학년 현장체험학습 안내	제52호 받는이: 2학년 학부모님

여름이 지나고 시원한 바람이 불어옵니다.

2학기에는 민속촌에 가서 전통놀이 체험을 합니다.

담임선생님께 현장체험학습 신청서를 내주세요.

- 날짜: 10월 11일(금)
- 장소: 용인 한국민속촌
- 준비물: 도시락, 물, 간식

9월 23일
하늘초등학교장

〈민속촌 현장체험학습 신청서〉

학년 반	학생:	보호자: (인)
현장체험학습 신청 (○ , ×)		

글마중의 가정통신문을 보고, 무엇을 안내하고 있는지 ○ 하세요.

운동회

건강검사

민속촌 현장학습

졸업식

다음 글을 읽고 알맞은 답을 고르거나 쓰세요.

선생님께서 가정통신문을 나누어 주셨어요.

[2학년 현장체험학습 안내]
여름이 지나고 시원한 바람이 불어옵니다.
2학기에는 민속촌에 가서 전통놀이 체험을 합니다.

1. 선생님께서 무엇을 나누어 주셨나요? .... (   )

   ① 공개수업 안내장   ② 가정통신문
   ③ 학교 신문   ④ 우유급식 신청서

2. 글에 나타난 날씨는 어떤가요? .... (   )

   ① 매우 덥다.   ② 비가 자주 내린다.
   ③ 시원한 바람이 분다.   ④ 눈이 자주 내린다.

3. 2학년 2학기 현장체험학습 장소는 어디인가요?

4. 지수는 현장체험학습을 가서 무엇을 할까요? .... (   )

   ① 전통놀이 체험   ② 직업 체험
   ③ 치즈 만들기   ④ 김치 만들기

다음 글을 읽고 알맞은 답을 고르거나 쓰세요.

> 담임선생님께 현장체험학습 신청서를 내주세요.
> - 날짜: 10월 11일(금)
> - 장소: 용인 한국민속촌
> - 준비물: 도시락, 물, 간식

1. 담임선생님께 무엇을 내야 하나요? ⋯⋯⋯⋯⋯⋯⋯⋯ (   )

   ① 현장체험학습 신청서   ② 가정체험학습 보고서
   ③ 과학캠프 신청서   ④ 여름학교 신청서

2. 현장체험학습을 가는 날짜는 언제인가요? 날짜와 요일을 적고
   달력에서 찾아 ○ 해 보세요.

   ☐ 월 ☐ 일 ☐ 요일

10월						
일	월	화	수	목	금	토
			1	2	3	4	5
6	7	8	9	10	11	12
13	14	15	16	17	18	19
20	21	22	23	24	25	26
27	28	29	30	31		

3. 한국민속촌은 어디에 있나요? ⋯⋯⋯⋯⋯⋯⋯⋯⋯⋯ (   )

   ① 수원   ② 용산   ③ 용인   ④ 종로

4. 민속촌에 갈 때의 준비물이 아닌 것은 무엇인가요? (   )

   ① 물   ② 교통카드   ③ 도시락   ④ 간식

학교 축제 초대장

지수네 학교에서 열흘 뒤에 축제를 열어요.
지수는 오늘 축제 초대장을 만들었어요.

제9회 하늘 한마당 축제

안녕하세요?
풍성한 가을을 맞이하여 하늘 한마당 축제에
여러분을 초대합니다.

학년별 발표 내용	
1, 2학년	율동
3, 4학년	합창, 합주
5, 6학년	연극, 뮤지컬

◎ 열리는 때: 10월 25일(금) 오전 10시
◎ 열리는 곳: 우리 학교 강당

다음 글을 읽고 알맞은 답을 고르거나 쓰세요.

> 지수네 학교에서 열흘 뒤에 축제를 열어요.
> 지수는 오늘 축제 초대장을 만들었어요.

1. 지수네 학교 축제는 며칠 뒤에 하나요? ⸻⸻⸻ (   )

   ① 1일 뒤   ② 3일 뒤   ③ 5일 뒤   ④ 10일 뒤

2. 지수는 오늘 무엇을 만들었나요? ⸻⸻⸻ (   )

   ① 축제 초대장   ② 운동회 초대장
   ③ 어버이날 카드   ④ 전시회 안내장

> 제9회 하늘 한마당 축제
> 안녕하세요?
> 넉넉한 가을을 맞아 하늘초등학교에서 축제를 열어요.

3. 어떤 행사를 위한 초대장인가요? ⸻⸻⸻ (   )

   ① 생일   ② 결혼식   ③ 하늘 한마당 축제   ④ 감귤 축제

4. 이번 축제는 몇 번째 열리는 것인가요? ⸻⸻⸻ (   )

   ① 두 번째   ② 네 번째   ③ 여섯 번째   ④ 아홉 번째

다음 글을 읽고 알맞은 답을 고르거나 쓰세요.

학년별 발표 내용	
1, 2학년	율동
3, 4학년	합창, 합주
5, 6학년	연극, 뮤지컬

1. 1학년과 2학년은 무엇을 하나요?

2. 연극과 뮤지컬은 몇 학년이 발표하나요? ····· (   ),(   )

   ① 2학년   ② 4학년   ③ 5학년   ④ 6학년

3. 3학년과 4학년은 무엇을 하나요? ············· (   ),(   )

   ① 합창   ② 연극   ③ 줄넘기   ④ 합주

   ◎열리는 때: 10월 25일(금) 오전 10시

   ◎열리는 곳: 우리 학교 강당

4. 하늘 한마당 축제가 열리는 날짜는 언제인가요?

   [   ] 월 [   ] 일

5. 하늘 한마당 축제는 어디에서 하나요? ············· (   )

   ① 운동장   ② 도서관   ③ 강당   ④ 텃밭

낱말 창고

월   일   요일   확인

날짜를 셀 때는 두 가지 방법으로 셀 수 있습니다.

한자말로 세기	1일	2일	3일	4일	10일
우리말로 세기	하루	이틀	사흘	나흘	열흘

이번 설 연휴는 4일이다.

하루에 한 번씩 샤워를 한다.

사흘 동안 비가 내렸다.

위의 표를 보고 〈예시〉처럼 우리말 날짜를 숫자로 바꿔 보세요.

〈예시〉   운동회가 나흘(4일) 앞으로 다가왔다.

이제 사흘(일) 뒤면 현장학습을 간다.

우리 학교는 이틀(일) 전에 개학을 했다.

이번 방학 때 열흘(일) 동안 여행을 다녀왔다

선생님께 한마디   우리말로 날을 세는 것은 아이들에게 익숙하지 않을 것입니다. 한자 말과 우리말을 구분해 익히기보다 일상생활에서 쓰는 여러 가지 표현에 익숙해지도록 도와주세요.

144 2단계 1권 | 지수의 생활

그림에 맞는 초대장을 찾아 선으로 이어 봅시다.

- 내 생일잔치에 와줘.

- 음악 발표회에 너를 초대하고 싶어.

- 그림 전시회에 초대합니다.

- 태권도 시합을 보러오세요.

 초대장을 만들어 친구를 초대해 봅시다.

에게

시간: 월   일   시

장소:

눈 오는 날

어젯밤에 눈이 소복소복 내렸어요.

지수는 눈사람을 만들었어요.

당근으로 코를 만들고 장갑도 끼워주었어요.

민수와 성주는 눈싸움을 했어요.

퍽! 민수가 던진 눈에 성주가 맞았어요.

눈 오는 겨울은 참 재미있어요.

월   일   요일   확인

 글마중을 읽고 알맞은 그림에 ○ 하세요.

1. 어젯밤 날씨는 어땠나요?

비가 왔다.	눈이 왔다.	흐렸다.

2. 눈 오는 날 아이들이 한 일을 모두 ○ 하세요.

눈싸움을 했다.	스케이트를 탔다.	눈사람을 만들었다.

3. 눈이 오면 아이들의 기분은 어떨까요?

신 나요.	속상해요.	화가 나요.

이야기 돋보기

월   일   요일   확인

 다음 글을 읽고 알맞은 답을 고르거나 쓰세요.

어젯밤에 눈이 소복소복 내렸어요.
지수는 눈사람을 만들었어요.
당근으로 코를 만들고 장갑도 끼워주었어요.

1. 언제 눈이 왔나요? ⸻⸻⸻⸻ (   )

　① 오늘 아침　　② 어제 아침　　③ 어젯밤　　④ 내일

2. 눈이 어떻게 내렸나요?

　| | 내렸어요.

3. 지수는 무엇을 만들었나요? ⸻⸻⸻ (   )

　① 눈사람　　② 눈썰매　　③ 눈꽃　　④ 고드름

4. 눈사람의 코는 무엇으로 만들었나요? ⸻ (   )

　① 호박　　② 가지　　③ 당근　　④ 감자

5. 눈사람에게 무엇을 끼워 주었나요? ⸻ (   )

　① 양말　　② 반지　　③ 귀마개　　④ 장갑

월   일   요일   확인

 다음 글을 읽고 알맞은 답을 고르거나 쓰세요.

민수와 성주는 눈싸움을 했어요.
퍽! 민수가 던진 눈에 성주가 맞았어요.
눈 오는 겨울은 참 재미있어요.

1. 민수와 성주는 무엇을 했나요? ⋯⋯⋯⋯⋯⋯⋯⋯ (   )

   ① 연날리기   ② 눈싸움
   ③ 스케이트 타기   ④ 썰매 타기

2. 누가 성주에게 눈을 던졌나요?

3. 성주는 어떻게 되었나요? ⋯⋯⋯⋯⋯⋯⋯⋯⋯⋯ (   )

   ① 눈을 던졌다.   ② 눈에 맞았다.
   ③ 넘어졌다.   ④ 도망갔다.

4. 눈에 맞는 소리를 흉내 낸 말은 무엇인가요? ⋯⋯ (   )

   ① 하하하   ② 퍽   ③ 뽀드득   ④ 소복소복

5. 여러분은 눈이 오면 무엇을 하나요?

와, 겨울이다!

추운 겨울에도 신 나게 놀 수 있어요.

방패연, 가오리연을 만들어 보아요.

바람이 쌩쌩 부는 날,

하늘 높이 연을 날려요.

한지와 병뚜껑으로 제기를 만들어요.

하나, 둘, 셋,

아이들은 제기차기를 연습해요.

퍽! 딱! 뒤집혀라!

딱지치기도 재미있지요.

딱지는 우유갑으로 만들면 돼요.

월   일   요일   확인

 글마중을 읽고 알맞은 그림에 ○ 하세요.

1. 어느 계절에 하는 놀이인가요?

봄	여름	가을	겨울

2. 겨울 놀이를 찾아 ○ 하세요.

딱지치기	썰매 타기	제기차기
소꿉놀이	공기놀이	스키 타기
연날리기	스케이트 타기	매미 잡기

다음 글을 읽고 알맞은 답을 고르거나 쓰세요.

추운 겨울에도 신 나게 놀 수 있어요.
방패연, 가오리연을 만들어 보아요.
바람이 쌩쌩 부는 날, 하늘 높이 연을 날려요.

1. 지금은 어느 계절인가요? ·································· (   )

   ① 봄   ② 여름   ③ 가을   ④ 겨울

2. 글에 나온 연의 종류는 무엇인가요?

	,

3. 연은 어떤 날 날리는 것이 좋을까요? ·················· (   )

   ① 바람 부는 날   ② 비 오는 날   ③ 눈 오는 날

한지와 병뚜껑으로 제기를 만들어요.
하나, 둘, 셋,
아이들은 제기차기를 연습해요.

4. 아이들은 무엇을 연습하고 있나요? ··················· (   )

   ① 딱지치기   ② 제기차기   ③ 수학공부

5. 어떤 재료로 제기를 만드나요?   [   ] , [   ]

다음 글을 읽고 알맞은 답을 고르거나 쓰세요.

> 퍽! 딱! 뒤집혀라!
> 딱지치기도 재미있지요.
> 딱지는 우유갑으로 만들면 돼요.

1. 아이들은 무슨 놀이를 하고 있나요? ··············· (   )

   ① 제기차기   ② 딱지치기   ③ 연날리기

2. 무엇으로 딱지를 만들 수 있나요?

 글마중을 다시 읽고 관계있는 것을 연결하세요.

병뚜껑 한지	방패연 가오리연	"퍽! 딱! 뒤집혀라!"
•	•	•
•	•	•
딱지치기	제기차기	연날리기

낱말
창고

월   일   요일   확인

 겨울철에 하는 놀이 이름을 〈보기〉에서 골라 써 봅시다.

<보기>

스케이트 타기	팽이치기	연날리기
제기차기	스키 타기	눈사람 만들기
눈싸움	썰매 타기	딱지치기

월   일   요일   확인

 그림을 보고 겨울에 하는 놀이에 대한 문장을 만들어
봅시다.

<예시>   얼음판에서 썰매를 탔어요.

'겨울' 하면 생각나는 것을 빈칸에 적어봅시다.

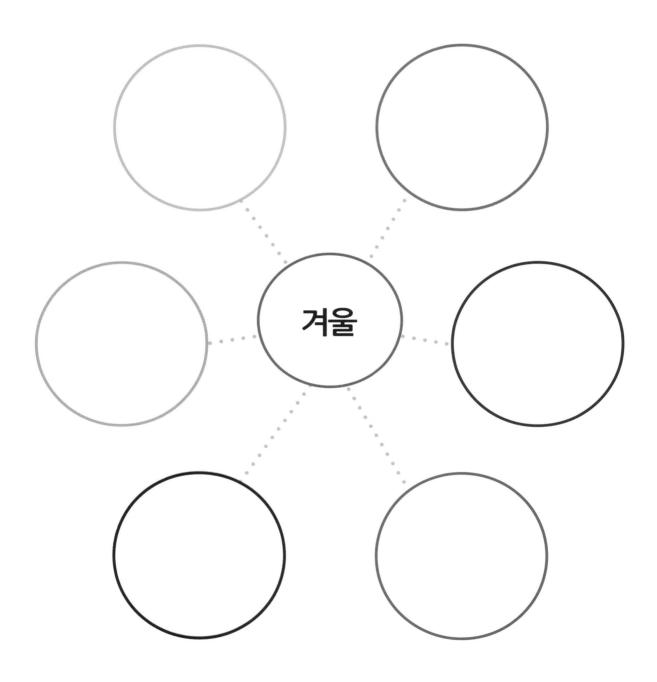

그림을 보고 문장에 어울리는 임자말을 써 보세요.

 | 손이 | 매우 더럽다.

	일곱 가지 색입니다.
	낮잠을 잔다.
	도토리를 모은다.
	전통놀이입니다.

월   일   요일   확인

 그림을 보고 어울리는 임자말을 찾아 문장을 완성하세요.

새를   새가   노래한다.

새가 노래한다.

민기가   민기를   아프다.

공룡으로   공룡이   걷는다.

채소이다.   당근을   당근은

고양이를   운다.   고양이가

문장에 어울리는 임자말을 써 보세요.

나뭇잎이 바람에 흔들립니다.

----------------------------	깡충깡충 뛰어갑니다.
----------------------------	훨훨 날아갑니다.
----------------------------	신 나게 놀았습니다.
----------------------------	꽁꽁 얼었습니다.
----------------------------	반짝반짝 빛납니다.
----------------------------	하늘 높이 올라갑니다.
----------------------------	엄마 품에서 잠들었어요.

그림을 보고 '누가 무엇을 하는지' 어울리는 문장을
써 보세요.

 아버지가 밤을 딴다.

월   일   요일   확인

 그림을 보고 '누가 무엇을 하는지' 순서에 맞게 한 문장으로 써 보세요.

민수

정민

지수

진호

서연

	민수가 철봉놀이를 한다.

마음대로
그려 보세요

좋아하는
노랫말을
써 보세요

좋아하는
동시를
써 보세요